ミネルヴァ日本評伝選

大いなる哉、心や

栄西

中尾良信著

ミネルヴァ書房

刊行の趣意

「学問は歴史に極まり候ことに候」とは、先哲荻生徂徠のことばである。

歴史のなかにこそ人間の智恵は宿されている。人間の愚かさもそこにはあらわだ。この歴史を探り、歴史に学んでこそ、人間はようやくみずからの正体を知り、いくらかは賢くなることができる。新しい勇気を得て未来に向かうことができる。徂徠はそう言いたかったのだろう。

「ミネルヴァ日本評伝選」は、私たちの直接の先人について、この人間知を学びなおそうという試みである。日本列島の過去に生きた人々の言行を、深く、くわしく探って、そこに現代への批判を聴きとろうとする試みである。日本人ばかりではない。列島の歴史にかかわった多くの異国の人々の声にも耳を傾けよう。

先人たちの書き残した文章をそのひだにまで立ち入って読み、彼らの旅した跡をたどりなおし、彼らのなしとげた事業を広い文脈のなかで注意深く観察しなおす――そのとき、はじめて先人たちはいまの私たちのかたわらによみがえってくる。彼らのなまの声で歴史の智恵を、また人間であることのよろこびと苦しみを、私たちに伝えてくれもするだろう。

この「評伝選」のつらなりのなかから、列島の歴史はおのずからその複雑さと奥ゆきの深さをもって浮かび上がってくるはずだ。これを読むとき、私たちのなかに新たな自信と勇気が湧いてきて、その矜持と勇気をもって「グローバリゼーション」の世紀に立ち向かってゆくことができる――そのような「ミネルヴァ日本評伝選」にしたいと、私たちは願っている。

平成十五年（二〇〇三）九月

上横手雅敬
芳賀　徹

栄西像（絶海中津賛）

建仁寺 勅使門正面

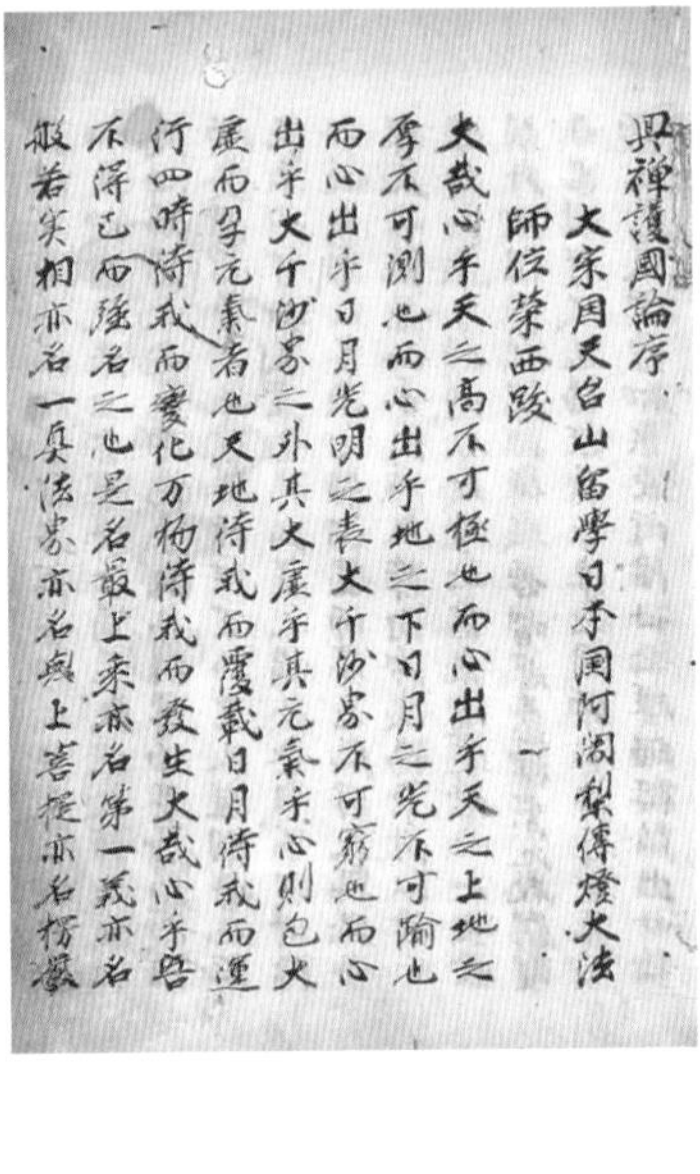

興禅護國論序
大宋国天台山留學日本国阿闍梨傳燈大法
師位榮西跋
大哉心乎天之高不可極也而心出乎天之上地之
厚不可測也而心出乎地之下日月之光不可踰也而心
出乎日月光明之表大千沙界不可窮也而心
出乎大千沙界之外其大虚乎其元氣乎心則包大
虚而孕元氣者也天地待我而覆載日月待我而運
行四時待我而變化万物待我而發生大哉心乎吾
不得已而強名之也是名最上乘亦名第一義亦名
般若実相亦名一真法界亦名無上菩提亦名楞嚴

『興禅護国論』

栄西——大いなる哉、心や　目次

目　次

図版一覧

序　日本禅宗初祖

宋朝禅の将来者

京都で最もよく知られた繁華街、祇園花見小路を四条通から南へ下がった突き当たり、京都式の表現でいう「花見小路南のドン突き」に、京都五山の第三位に格付けされる建仁寺（京都市東山区）の北門がある。五山とは、中国における禅宗寺院の格付けにならったもので、鎌倉時代にはじまり室町幕府足利義満の時代に、京都五山（天龍寺・相国寺・建仁寺・東福寺・万寿寺）・鎌倉五山（建長寺・円覚寺・寿福寺・浄智寺・浄妙寺）が定められた。また建仁寺は、妙心寺派・大徳寺派・南禅寺派など十四派ある臨済宗の、建仁寺派の本山であり、その建仁寺の開山が一般に「日本禅宗初祖」としてその名を知られている明庵栄西《みんなんようさい》（一一四一〜一二一五）である。栄西の名は、日本史の教科書などで「えいさい」とされてきたが、建仁寺においては一貫して「ようさい」と呼ばれ、また南都（奈良）仏教に関係する場面でも、あるいは生誕地である岡山県でも、多く「ようさい」の読みが採用されてきた。筆者自身は従来から「えいさい」と呼び慣わしてきたが、右のような状況を勘案して、本書でも「ようさい」と呼ぶこととする。

栄西の伝記史料としては最も詳しく、栄西示寂《じじゃく》（高僧が亡くなること）後の比較的早い時期に著されたのが、虎関師錬《こかんしれん》（一二七八〜一三四六）が著した『元亨釈書《げんこうしゃくしょ》』第二巻の栄西伝（訓読『元亨釈書』二八頁、原文は『大日本仏教全書』一〇一）である。栄西の生涯で特筆すべき業績は、保延七年（一一四一）四月二十日誕生し、建保三年（一二一五）七月五日に京で示寂するまでの七十五年の間に、仁安三年（一一六八）と、文治三年（一一八七）から建久二年（一一九一）にかけての、二度にわたって渡海入宋（当時の中国は南宋時代）したことである。二度目の在宋中、臨済宗黄龍《おうりょう》派の虚菴懐敞《きあんえしょう》（生没年不詳）から、中国宋代の禅宗（宋朝禅《そうちょうぜん》）を受法して帰国したことにより、「日本禅宗初祖」という輝かしい評価を与えられるとともに、浄土宗の開祖とされる法然房源空と並んで、道元・親鸞・日蓮・一遍などによって展開された、一般にいう鎌倉新仏教の先駆ともされている。

日本禅宗の変容

しかしながら、その禅が純粋な禅宗ではなく密教的な色彩が濃厚であったこと、通常は示寂後、つまり亡くなったあとに贈与される大師号を、生前に下賜《かし》されることを自ら望み、『愚管抄』の撰者としても知られる、ときの天台座主《ざす》慈円（一一五五〜一二二五）などから非難されたこと、鎌倉幕府との密接懇意な関係が強い権力志向をうかがわせることなどは、少なからずネガティブなイメージを抱かせるものである。しかし一方で、道元（一二〇〇〜一二五三）の『正法眼蔵随聞記《しょうぼうげんぞうずいもんき》』には、飢えて救いを求める人に仏像の光背《こうはい》を造るための銅を分け与え、それを批判した弟子に対して「たとえ私がこの罪によって地獄に堕《お》ちるとしても、それでも苦しむ衆生を救わなければならない」と教え諭《さと》したという、きわめて慈悲深い一面が伝えられており（『道元禅師全集』第七巻、春秋社、八四頁、池田魯参『現代語訳　正法眼蔵随聞記』大蔵出版）、栄西の人物や禅思想に対する評価ないし理解は必ずしも一定ではない。

出家以来おもに天台密教を学んだ栄西は、第二回入宋中に禅宗を伝えたのであるが、のちに入宋した道元や渡来した中国人禅僧が純粋禅を伝えたとされるのに対し、その禅は天台や真言との兼修という側面をもっていたことが指摘されている。ある意味でそれは、比叡山からの圧力を避けるためのカモフラージュであり、平安時代の旧仏教から鎌倉時代の新仏教に移行する過渡的な性格の禅とも見なされてきた。しかし昨今の研究においては、周囲の状勢に余儀なくされたということではなく、むしろ栄西独自の禅風《ぜんぷう》であると理解されるようになってきており、鎌倉時代初期に栄えた東福寺（京都市）開山円爾《えんに》（一二〇二～一二八〇）の聖一《しょういち》派や、興国寺（和歌山県由良町）開山無本覚心（一二〇七～一二九八）の法燈《ほっとう》派などの密教的色彩の濃い禅風に、強い影響を及ぼしたことが指摘されている。

天台密教（台密《たいみつ》）を専一に学んだ栄西が、どのような経緯で宋朝禅を受け入れることになったのか、その受容を通じてどのような仏教を目指し、どのような禅思想を形成したのか、また栄西以後、今日まで命脈を保ってきた日本の禅宗教団と、栄西の禅思想がどのような関係にあるのかは、日本の禅宗の歴史を考える上できわめて重要な課題である。さらにいえば、一般に禅ないし禅宗といえば、龍安寺（京都市）の枯山水「虎の子渡し」と呼ばれる石庭であったり、いわゆる茶道の「侘びさび」の精神であったり、あるいは雪深い修行道場で極寒に耐えながら坐禅したり、托鉢をする雲水《うんすい》を思い浮かべることが多いのではないだろうか。だとすれば、そうした質素枯淡な禅と栄西が伝えて広めようとした禅とは、どうつながるのであろうか。

最初に述べたように栄西は、確かに臨済宗建仁寺派の本山である建仁寺の開山ではあるが、建仁寺派以外の臨済宗各派は、たとえば妙心寺派は関山慧玄《かんざんえげん》（一二七七〜一三六〇）、大徳寺派は宗峰妙超《しゅうほうみょうちょう》（一二八二〜一三三七）、天龍寺派は無窓疎石《むそうそせき》（一二七五〜一三五一）と、それぞれ本山の開山を派祖とするのであり、今日の曹洞宗門全体が道元を「宗祖」と仰ぐようには位置付けられていない。思想的な意味でも現代の臨黄《りんのう》十五派（臨済宗十四派と黄檗宗）は、いずれも江戸時代の白隠慧鶴《はくいんえかく》（一六八六〜一七六九）が体系化した公案禅（禅問答によって悟りに至る禅）を継承しており、栄西のような兼修的な禅思想は受け継がれなかったようにも思われる。栄西の禅を過渡的な兼修禅と見なす立場からは、兼修的であるがために、のちに道元や中国人禅僧たちが伝えた純粋禅に、ある意味で駆逐される形で衰微していったと理解されてきた。しかしながら、兼修的ではあってもそれが栄西独自の禅思想であったとすれば、純粋禅に駆逐される兼修禅というような図式的な位置付けは、栄西という人物に対する正確な理解ではないというべきである。

本書では、従来からいわれている「日本禅宗初祖」としての栄西を紹介するだけではなく、日本仏教の歴史の中において、さまざまな形で禅ないし禅宗に関する情報が伝えられていたこと、そうした流れの中で本格的な禅宗伝来の気運が高まったこと、さらには栄西と同時期に宋朝禅を伝える別の流れがあったことを紹介し、日本における禅宗の成り立ち、いうなれば「日本型禅宗」の成立過程をたどってみたい。

第一章　古代日本仏教と禅宗

1　達磨と聖徳太子の伝説

聖徳太子と達磨の出会い

一般に中国の禅宗を開いたのは、六世紀梁《りょう》の武帝の頃、インドから中国に渡来した菩提達磨《ぼだいだるま》とされている。達磨についてはさまざまな記録や伝説があり、その実像も明らかではないが、中でも日本仏教と関係して興味深いのは、達磨が日本に渡来したという話である。具体的には、中国天台宗を開いた天台大師智顗《ちぎ》（五三八～五九八）の師である南嶽慧思《なんがくえし》（五一五～五七七）が、達磨の勧めに応じて日本の聖徳太子（五七四～六二二）に生まれ変わり、さらに達磨は太子が仏教を広めるのを助けるために日本に渡来し、大和片岡（奈良県王寺町）の地で飢者《きしゃ》の姿をとって太子と出逢ったという内容である。この太子慧思後身・達磨飢者説に基づけば、十七条憲法において仏法興隆を謳った聖徳太子の頃、禅宗初祖達磨が日本に渡来していたことになる。この伝説は、鎌

虎関師錬

倉末期の元亨二年（一三二二）に著された仏教史書『元亨釈書』に取り上げられたことで禅宗史上の重要な伝説になるが、それ以前からさまざまな書物の中で語り継がれ、伝承されていく中で形が整えられて『元亨釈書』にも採録されたのである。

『元亨釈書』は、臨済宗東福寺派の僧虎関師錬《こかんしれん》（一二七八〜一三四六）が著した、まとまった仏教史書としては日本最初のものであり、日本仏教史研究における重要な史料である。全体としては、伝（僧侶の伝記）・資治表（仏教伝来から鎌倉時代までの年表）・志（仏教文化史）という構成であるが、最もよく読まれているのは「伝」、すなわち僧侶の伝記部分である。「伝」はさらに、「伝智」「浄禅」など十科に分かたれており、中でも新たな教えを伝えた人物を収録する「伝智」は、達磨から始まって本書の主人公である栄西で終わっている。『元亨釈書』全体の撰述意図を明確にするには、「資治表」の編纂や第二十七巻以降の「志」の検討など、僧伝部分以外をどう理解し位置付けるかによると思われるが、達磨から始まって栄西で終わる「伝智」や「浄禅」に収録された僧の選択などを見れば、少なくとも虎関が禅宗を中心として日本仏教史を考えたことは間違いない。

すでに述べたように、太子慧思後身・達磨飢者説は、虎関師錬が『元亨釈書』に取り上げたことによって、禅宗史上の重要な伝説になる。まず『元亨釈書』の第一巻、「伝智」の先頭に「南天竺菩提達磨」を立伝し、その中で、

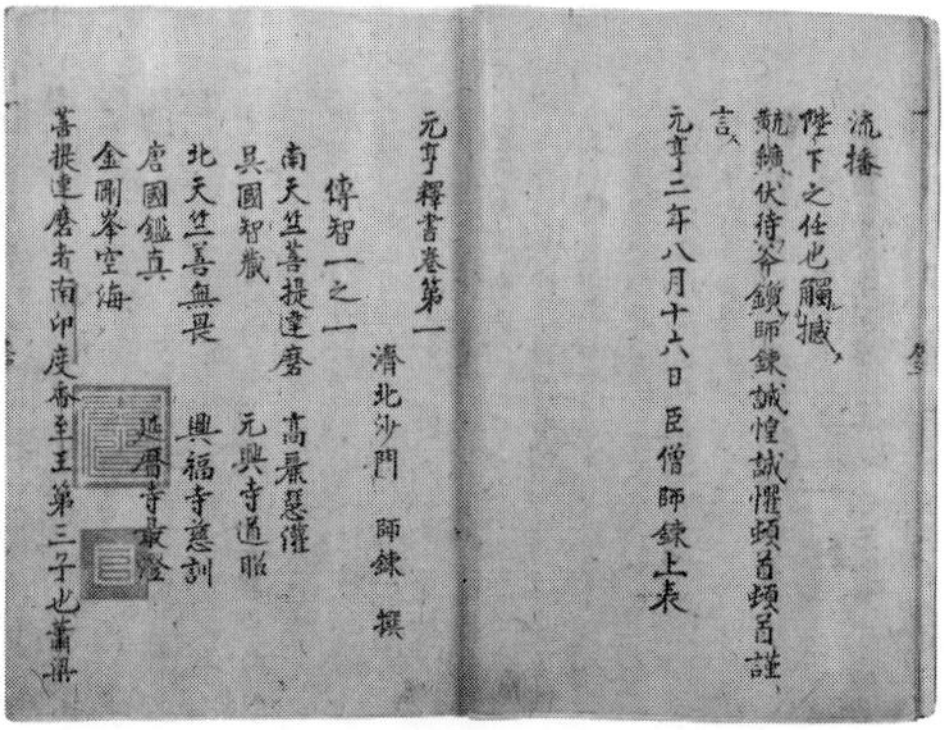
流播
陛下之任也觸撼
覬鯱伏待斧鑕師錬誠惶誠懼頓首頓首謹
言
元亨二年八月十六日　臣僧師錬上表

元亨釋書巻第一
濟北沙門　師錬　撰
傳智一之一
南天竺菩提達磨　高麗慧灌
呉國智藏　元興寺道昭
北天竺善無畏　興福寺慧訓
唐國鑑真　延暦寺最澄
金剛峯空海
菩提達磨者南印度香至王第三子也蕭梁

『元亨釈書』

菩提達磨は、南印度香至王の第三子なり。蕭梁《しょうりょう》の普通元年庚子《かのえね》支那に来る。武帝のために第一義を説くも帝契《かなわ》ず。すなわち江を渡り魏に入って嵩山《すうざん》少林寺に居し、九白を経て天竺に帰る。その後八十有六年、わが推古二十有一歳癸酉《みずのととり》、此方に遊す。推古女主、政を太子豊聡《とよさと》に委《ゆだ》ぬ。十有二月朔《ついたち》、太子和の片岡を過る。時に達磨飢人の貌《すがた》を作《な》し、弊服襤褸《へいふくらんる》にして路傍に臥す。眼に異光有り、その体甚だ香《かんば》しし。太子これを見て姓名を問わしむも磨対《こた》えず。太子和歌を作りてこれに問うに、磨すなわち和歌を以てこれに酬《こた》う。その歌詞共に国史の推古紀にあり。太子飲食を与え、また衣を脱いで付して曰く、快く安寝したまえ、と。言いおわりて宮に帰り、人を遣してこれを看さしむ。使者復《かえ》

りて言く、飢人既に徂《ゆ》きぬ。太子悲慟して駕を命じて馳せて死所に赴き、親しく臣僚を率いて封樹す。居ること数日にして太子侍臣に語りて曰く、郷葬餓者は凡にあらず、必ずや眞人なり。使いをして壙《はか》を開かしむるに、賜うところの衣は棺上に在るも余は有るところ無し。太子便ちその衣を取り、かつ自らこれを服す。時人曰く、これ聖《ひじり》の聖を知るまことなるかな。その太子の築くところの墓、今なお在り。俗にその地を呼んで達磨墳と号す。磨の事迹、詳しくは宝林・伝燈・唐僧伝等の書に見ゆ。

（訓読『元亨釈書』三〜四頁）

〔現代語訳〕菩提達磨は南インド香至国の第三王子である。中国南北朝梁（五〇二〜五五七）の時代、普通元年（五二〇）に中国に渡来した。武帝のために仏法を説いたが理解されなかったので、長江（揚子江）を渡って魏に入り、嵩山《すうざん》少林寺（河南省）に九年間籠もった後、インドに帰った。それから八十六年、推古天皇の二十一年（六一三）に我が国に渡来した。

推古天皇は政治を聖徳太子に任せていた。十二月一日、太子が大和（奈良県）片岡を通った時、飢えた人の姿でボロボロの衣服を着た達磨が横たわっていた。眼に不思議な光があり体からはよい香りが漂っていた。太子が名を尋ねても達磨は答えなかったが、太子が和歌で問いかけると、達磨も和歌で答えた。その和歌は『日本書紀』の推古紀に載っている。太子は食べ物を与え、さらに衣服を着せて安らかに眠るよう言った。宮に帰ったあと家臣を遣わして見に行かせたところ、帰ってきた家臣が「飢えた人」は亡くなっていたと報告した。太子はいたく悲しんで、急いで亡くなった場所に赴き、自ら臣下に命じて埋葬して樹を植えた。数日経過して太子が家臣たちに、さきに葬った「飢えた人」は決して凡人ではなく、きっと聖人であると言われた。そこで墓を開かせたところ、太子が与えた衣服が棺の上にあったものの、ほかには何もなかった。太子はそれを手にとって、さらに身にまとった。まことに聖人であればこそ、聖人を知るということである。太子が築かれた墓は今もあり、それを達磨墳と呼んでいる。達磨のことについては、『宝林伝』『景徳伝燈録』『続高僧伝』などに伝えられている。

と、太子と達磨の出会いについて述べている。

聖徳太子が南嶽慧思の後身であり、大和国片岡山で飢人の姿をした達磨と出会うという説話は、日本仏教の歴史の中で多くの場面で話題になり、語り継がれた有名な伝説であるが、最初からそうした形で語られたのではない。太子が慧思の後身であるという伝承と、太子が片岡山で会った飢者が達磨であるという伝承が、別々にあったものを、後人が結び付けたのである。史料として最も早く確認できるのは、『日本書紀』推古二十一年（六一三）十二月一日条である。すなわち、聖徳太子が片岡で出会った飢者に姓名を問うたが答えず、食べ物と衣服を与えて歌を贈ったが、翌日使者を遣わしてみるとすでに死んでいたので、太子は大いに悲しんで、墓を作って埋葬した。数日して再び使者を遣わして確認させたところ、墓に変わった様子はないのに、開いてみると遺体が無くなっており、衣服だけが棺の上に残されていたというので、太子はその衣服を取ってこさせて常のごとく着用した、とある（『日本古典文学大系』六十八、一九八頁）。また『日本霊異記《にほんりょういき》』（『日本古典文学大系』七十、七六頁）では飢者の側からの返歌が載せられており、さらに『万葉集』第三巻四一五番（『日本古典文学大系』四、一九八頁）には、同様の話に基づくと思われるものの、場所が龍田山に変わった歌がある。『日本書紀』では、聖徳太子が出会った人物を「飢者」と表現しており、それが達磨であるとは明記されていない。ところが『元亨釈書』では飢者が達磨であったという表現ではなく、むしろ達磨が「飢人の貌」をして路傍にいたと述べている。つまり、『日本書紀』はあくまで聖徳太子に関する説話として取り上げているのに対し、『元亨釈書』は初めから達磨に関する説話として取り上げ、太子慧思後身説については触れることなく、その意味では太子を脇役に回したかのように見える。

達磨伝説と『元亨釈書』の意図

達磨は、実在の人物かどうかさえ知られていないが、それは達磨に関するさまざまな伝説があることにもよっている。一般に達磨といえば、選挙の際に登場する張り子の達磨がイメージされるが、それは達磨が少林寺で九年間壁に向かって坐禅していた姿を表しており、「面壁の達磨」と呼ばれている。仏教の理解者を自称する武帝と問答したものの、理解が得られなかった達磨は、長江（揚子江）を渡ろうとしたが舟が無かったので、川に浮かべた芦の葉に乗って長江を渡ったとされ、これを「芦葉《ろよう》の達磨」と呼ぶ。また達磨は、その高名を妬んだ僧たちに毒殺されたともいわれ、熊耳山《ゆうにさん》に葬られたが、その三年後、魏帝の使者宋雲が葱嶺《そうれい》（パミール高原）で、片方の履き物を手にしてインドへ帰る達磨と出会ったことから、熊耳山の墓を開いてみたところ、もう一方の履き物がだけ遺っていたという伝説があり、これを「隻履《せきり》の達磨」という。こうしたさまざまな伝説は、達磨が描かれた絵画として数多く見られるものであるが、『日本書紀』の聖徳太子と「飢えた人」の伝説は、明らかに「隻履の達磨」を下敷きにしたものと考えられる。つまり、達磨が日本に渡来したというのは虚構であるとしても、養老四年（七二〇）に成立した『日本書紀』の執筆者の中に、達磨の伝説を知っている人物がいたのは間違いなく、言い換えれば禅宗の歴史に関する情報が、八世紀初頭には日本に伝わっていたことになるのである。

『元亨釈書』の撰者である虎関師錬の意図は、達磨伝の本文に続く賛《さん》に述べられているように、「隻履の達磨」の伝説と、飢人の墓を開くと聖徳太子が与えた衣服だけが遺っていたという説話を紹介して、中国と日本における尸解《しかい》（肉体を遺して魂魄だけが抜け去ること）の類同性を強調し、「その後五百七十有七年、建久の間に心宗（禅宗）勃興《ぼっこう》し、寛元以降に祖風発越す（それから五七七年後の建久年間に禅宗が興《おこ》り、寛元年間以降に禅の教えが盛んとなった）」（訓読『元亨釈書』四頁）と述べているように、達磨の日本遊化《ゆけ》に関連して、日本での禅宗の歴史が日本仏教全体の歴史に等しいと主張することだったと考えられる。したがって、本来太子慧思後身説に付随して発生した飢者達磨説の方が、虎関にとっては重要であったということになる。

中国禅宗での転生説話

慧思転生の伝説は、鑑真（六八八〜七六三）とその渡来を要請する栄叡・普照との間でも、日本の長屋王が「山川異域　風月同天　遠寄浄侶　誓結勝縁（日本と中国と国は異なるが、ともに同じ天を仰いでいる、この袈裟を中国の僧たちに贈って、仏縁を結ぼう）」という一偈を刺繡し

鑑真

た袈裟を、中国の千人の沙門に贈ったというエピソードとともに、南嶽慧思が聖徳太子に転生して日本に仏法を広めたことを、鑑真の方から話題としたことが『元亨釈書』の鑑真伝に紹介されている（訓読『元亨釈書』一一頁）。ただし、この伝説の成立過程を検討してみると、どうやら鑑真渡来を巡る事情の中で、もともと中国にあった慧思転生伝説が日本に輸入され、聖徳太子と結びつけられたと考えられる（拙著『日本禅宗の伝説と歴史』参照）。一方で中国においても話題となった可能性がある。ひとつは端拱元年（九八八）成立の『宋高僧伝』第十四に、鑑真の弟子思託が著した『鑑真名記伝』を典拠として、鑑真と栄叡・普照のやりとりが伝えられ、聖徳太子が南嶽慧思の後身であることが話題となっている。またそれより早く、九五二年に編まれた『祖堂集』第八雲居道膺《うんごどうよう》（?〜九〇二）章に、雲居と師洞山良价《とうざんりょうかい》（八〇七〜八六九）の問答として、

洞山また師（雲居）に問う、我聞くならく、思大和尚倭に向かいて王となる、虚なりや実なりや。師云わく、もし是れ思大（和尚）ならば、仏にすらまた作らず、あに況んや国王にをや。洞山嘿然

としてこれを許す。

（中文出版社『禅学叢書』四、一五一頁）

〔現代語訳〕洞山が弟子の雲居に、「私が聞いたところでは、思大和尚（南嶽慧思）が日本に生まれて王になったというが、本当だろうか」と問うた。雲居は「慧思という方は成仏にさえこだわらなかった方であり、まして俗世の王になどなられるはずがありません」と答え、洞山は黙ってこれを認めた。

とある。同じ問答が『宋高僧伝』第十二（『大正新修大蔵経』以下、『大正蔵経』五十・七八一・中）、景徳元年（一〇〇四）成立の『景徳伝燈録』第十七（『大正蔵経』五十一・三三四・下）にもある。つまり『祖堂集』が著された十世紀以降、この問答は雲居の伝記の中でかなり重視されてきたものといえる。前に述べたように、鑑真渡来を巡る事情の中で聖徳太子慧思後身説が形成されたとすれば、より後代の洞山や雲居がそれを知っていたとしても不思議ではない。しかし、洞山と雲居の間で交わされた問答を除けば、他に太子慧思後身説が話題となった痕跡が見られないことから考えると、ことさらに彼等がその説話を意識するような事情があったのではないかと思われる。

日本人僧「瓦屋能光」

洞山は、中国禅宗が発展して臨済宗・曹洞宗・潙仰宗・雲門宗・法眼宗の五家となった中、曹洞宗の開祖であり、雲居の系統が後に道元によって日本へ伝えられる。したがって現在の曹洞宗教団は、永平道元を宗祖と位置付けている。ところが、日本史の教科書などでも触れられることは全くないが、洞山の法を最も早く学んだ日本人として、瓦屋能光《がおくのうこう》（生没年不詳）という人物が存在する。瓦屋については、『延宝伝燈録《えんぽうでんとうろく》』巻一（『大日本仏教全書』一〇八、四六頁）、『日本洞上聯燈録《とうじょうれんとうろく》』巻十二（『大日本仏教全書』一一〇、五〇七頁）、『本朝高僧伝』巻十九（『大日本仏教全書』一〇二、二七二頁）など、江戸時代の僧伝史料に立伝されてはいるが、その生涯はほとんど不明である。わずかに入唐して洞山良价の法を嗣《つ》ぎ（弟子となり教えを受け継ぐこと）、天復年間（九〇一～九〇四）の初めに蜀《しょく》（四川省）に入り、永泰軍節度使《えいたいぐんせつどし》禄虔扆《ろくけんちゅう》という人物が建てた禅院で洞山の宗風を挙揚《こよう》し、長興年末（九三四年頃）に蜀地で示寂したことのみが伝えられている。世寿一六三歳という伝承に従えば、達磨の一五〇歳を超える長寿であり、洞山に参じたときにはすでに九十歳前後であったことになる。もはや瓦屋自身が伝説的な人物であるが、中国の史料の中に時折瓦屋の名が見られることから、あるいは長期にわたって中国で活動した日本人僧として、それなりに認知されていたのかもしれない。

瓦屋能光の出自や参学歴、入唐した年次などは一切不明であるが、強いていえば「瓦屋」という呼び名は僧名としていささか奇妙である。禅僧の呼称は、たとえば有名な一休の場合でいえば正式な呼び名を一休宗純といい、「一休」が禅僧としての道号《どうごう》で「宗純」が法諱《ほうき》である。一般的に禅僧を呼ぶ場合は、法諱ではなく道号を呼ぶ。ただ唐代の禅僧の場合、洞山良价（洞山に住していた良价）・雲居道膺（雲居山の道膺）、あるいは臨済義玄（臨済院の義玄）などのように、たいていは法諱に居住していた山名か寺名を冠して呼ばれており、呼ぶ場合にも山名・寺名を道号のように呼ぶことが多い。おそらく瓦屋能光も同様の原則で呼ばれていた可能性があると考えれば、まったく根拠のない思いつきのような推測に過ぎないが、滋賀県東近江市（もと八日市市）に瓦屋寺《かわらやじ》（現臨済宗妙心寺派）があり、その寺名が聖徳太子創建の寺院の瓦を焼いた遺跡に建立されたことによる、という伝承を考え併せると、あるいは瓦屋能光とは「瓦屋寺の能光」のことであり、自らが住んでいた寺院の創建由来に関わる聖徳太子の説話を、これから参学しようとする洞山に語ることは十分に考えられる。瓦屋としては海を越えた仏縁を強調するために、太子慧思後身説を持ち出したのであろうが、すでに日本で定着していたはずの飢者達磨説は語らなかったのか、洞山と雲居の問答には登場しない。

結局、瓦屋能光は帰国することなく、彼の地で生涯を終えたのであるが、それでも日本人禅僧第一号であることは紛れもないし、中国禅宗の公式記録というべき燈史《とうし》に足跡を残したことも、大いに評価されてよい。禅宗は、奈良時代には断片的に伝えられたに過ぎないが、後に述べるように、平安期になると本格的な中国人禅僧が渡来し、さらに日本人として、中国禅宗の正式な法系に連なる僧が現れるという流れをたどってみると、日本仏教の歴史は鎌倉時代が到来するまで禅宗を知らなかったわけではなく、南嶽慧思が聖徳太子に転生し、達磨が日本へ渡来するという説話が、日中を往復しながら形成される過程と重なるようにして、禅宗を受容する素地を作っていったといえるのである。

2　奈良・平安期の仏教と禅宗

日本古代の伝禅

『続日本紀』文武天皇四年（七〇〇）の条には、日本に初めて法相宗を伝えた道昭（六二九～七〇〇）が、遺言によって火葬されたとある（『国史大系・続日本紀』五～六頁）。これがきっかけとなって火葬が広まり、二年後には持統上皇が天皇としては初めて火葬されたという。道昭は六五三年に中国へ行き、『西遊記』で有名な玄奘《げんじょう》三蔵に学んで法相宗を初めて伝えたが、隆化寺（河南省）の慧満《えまん》について禅をも学んでいる。禅宗の系統としては、達磨－慧可－僧那－慧満－道昭となり、中国禅宗が本格的に展開する唐代の六祖慧能《えのう》（六三八～七一三）の時期よりも早く、もっとも初期の禅宗に学んだことになる。帰国した道昭は、法興寺（後の元興寺《がんごうじ》・奈良市）の東南隅に禅院を建てて住し、坐禅を修したと伝えられるが、取り立てて禅宗を広めたようではない。

政治改革を目指した桓武天皇は、仏教界の改革をも目指したようで、平城京の大寺院を平安京に移転することなく、いわば置き去りにして遷都する一方で、改革のための新しい人材を探した結果、東大寺で一人前の僧になった年、すぐに比叡山に籠もって厳しい修行を続けていた最澄（七六七～八二二）に目を付け、積極的に支援している。

桓武天皇の後援で最澄の社会的地位は高められたが、やはり本場中国で学びたいという願望を棄てきれず、延暦二十三年（八〇四）還学生《げんがくしょう》（短期留学生）として唐へ渡り、天台宗が生まれた天台山（浙江省）に登り、天台教学や大乗《だいじょう》仏教の戒律を学ぶかたわら、初期禅宗の一派である牛頭《ごず》宗を受け、さらに帰国直前のわずかな時間を見て、当時中国で盛んになっていた密教をも学んでいる。最澄は、結果的に四つの教えを学んだが、これを総合して相承することを日本天台宗の立場とした。そのために、比叡山の仏教に禅の伝統が含まれることになり、これが鎌倉時代に禅の隆盛を誘発する要因になったのである。

空海（七七四～八三五）が真言密教を学ぶために唐へ渡ったのは八〇四年、つまり最澄と同時に、留《る》学生《がくしょう》（長期留学生）に選ばれたのである。この時期の中国禅宗は、石頭希遷《せきとうきせん》（七〇〇～七九〇）や馬祖《ばそ》道一《どういつ》（七〇九～七八八）の活躍で発展期にあり、帰国した空海からそのようすを聞いた嵯峨天皇の皇后　橘《たちばなの》嘉智《かち》子《こ》は、慧萼《えがく》という僧を馬祖の弟子塩官斉安《えんかんさいあん》のもとに遣わし、塩官の命を受けた弟子義空が、八三四年頃に日本へやって来た。義空は数年で帰国してしまったが、橘皇后に請われて嵯峨天皇の離宮跡に、日本における最初の禅寺である檀林寺《だんりんじ》を開き、皇后は檀林皇后とも呼ばれた。

空海

その後、檀林寺は延長六年（九二八）に焼失するが、跡地に後嵯峨天皇が仙洞御所を営んで浄金剛院を建立し、その後、檀林寺が再興されて西禅寺とも号し、尼寺五山にも列せられたが再び廃絶してしまった。しかし約五〇〇年後の康永四年（一三四五）、足利尊氏が夢《む》窓疎石《そうそせき》（一二七五～一三五一）を開山として天龍寺を建立したのが、檀林寺の遺跡である。ある意味で平安初期嵐山の地に蒔かれた禅宗の種が、室町時代になって五山第一位の寺院として花開いたといえる。

日本天台宗の展開

日本天台宗は、開祖最澄が入唐求法した際に、天台本来の教えである法華円教《ほっけえんぎょう》と大乗菩薩戒《ぼさつかい》以外に、禅宗の一派である牛頭宗を学び、さらに帰国間際に真言密教をも修めたため、円・戒・禅・密の「四宗相承《ししゅうそうじょう》」という独自の仏法を形成したとされる。最澄は、あくまで本場中国の天台宗を学ぶことが目的だったので、おそらく密教については強い関心がなかったと思われるが、当時の中国では天台宗よりも密教が盛んであり、日本の貴族社会において関心が高まっていたこともあって、予定外に受法したのである。もちろん日本の真言宗は、後に帰国した空海によって大成されたのであるが、外護者たちの強い要請に抗しきれず、空海が帰国する以前、最澄は高雄山寺（現神護寺・京都市）で「灌頂《かんじょう》」という密教の重要な儀式を行ってしまったため、日本天台宗の教学から密教をはずせなくなってしまったのである。最澄自身は密教が盛んであった長安へ行かなかったため、自らが伝えた密教が不十分なものであるという意識があり、空海が帰国して伝えた正当な密教を学ぶことで、天台宗内に取り込んだ密教を完成させようとした。その過程で、高雄山寺でともに空海から灌頂を受けた愛弟子《まなでし》泰範《たいはん》が、他の弟子が比叡山に帰っても空海のもとに留まり、最澄が再三にわたって促しても戻らず、結局空海の弟子になってしまった。泰範の離反や経典借用の拒否などもあって、結局最澄と空海は袂を分かつことになってしまい、天台密教すなわち台密の完成は、後継者である円仁（七九四～八六四）・円珍（八一四～八九一）や五大院安然《あんねん》（八四一～九一五）の手に委ねられたのである。

右のような事情の中で、比叡山における台密研究は大いに栄え、精緻を極めることになったが、その一方で、天台宗本来の教学である『天台三大部《てんだいさんだいぶ》』（摩訶止観《まかしかん》・法華玄義《ほっけげんぎ》・法華文句《ほっけもんぐ》）は、密教に対する「顕教《けんぎょう》」として低く見られることになってしまった。顕教・密教は、本来は教えの分類のしかたの一つであり、「顕」が現れるという意味で目に見える教え、言い換えればより初歩的な教えであり、「密」は秘密、すなわち簡単には到達できない奥深い教えを指す。基本的には空海が伝えた真言密教が優れた教えであり、それ以外を劣った教えとして顕教と呼ぶ。ただしこれは、あくまで密教の立場でいうことであり、大乗仏教という表現が、東南アジアに伝わった教えを小乗仏教として、自らの優位をいうのと同じである。ただ、日本天台宗における顕密という分類はきわめて微妙で、最澄はもともと『法華経』の教えを旨としたが、密教の立場からいえば『法華経』は顕教である。と

最澄

ころが帰国直前に密教をも学んだ上に、実際に密教の重要な儀式である灌頂を行じてしまったため、日本天台宗に顕密両方の教えを含むことになってしまったのである。しかし最も大切な『法華経』が密教から見て劣った教えという解釈はできないので、その矛盾の解消に苦心することになる。最澄だけでは解決できなかったために、この問題は円仁や円珍などの弟子に委ねられ、ついに五大院安然が台密を完成するのであるが、安然はむしろ密教の優位性を認めてしまう立場をとったのであり、これが平安期後半の天台宗における密教偏重の傾向につながり、後に述べるように栄西の禅宗受法においても重要な意味をもつのである。

このような密教偏重を背景として、平安時代末期になると本覚《ほんがく》思想（本覚法門）と呼ばれる仏教理解が蔓延した。「本覚」とは、衆生が本来持っている悟りの智慧であり、「如来蔵《にょらいぞう》」あるいは「仏性《ぶっしょう》」とも表現され、中国仏教においても説かれたものである。ところが密教が盛行した叡山仏教においては、衆生と仏、煩悩と悟りを不二と見る立場（凡聖不二《ぼんしょうふに》、煩悩即菩提《ぼんのうそくぼだい》）から、現実肯定ないし日常肯定という傾向が生じ、ついには修行無用論にまで到達して、結果的には比叡山の一部に修行の欠落と堕落した寺院生活を誘引してしまった。おそらくそのような傾向は、叡山の上層にある僧侶の多くが、社会的に権力をもつ貴族階級の出身であることと無縁ではないと思われる。日本天台宗のすべてではないにしても、叡山僧の堕落を伝える史料は枚挙に暇がない。鎌倉新仏教といわれる諸宗派の祖師たちが、叡山において学びながら、それと決別するように巣立っていった背景には、本覚思想が助長した叡山仏教の堕落があったともいえる。

3　比叡山と鎌倉仏教

叡山仏教からの派生

平安時代の終わりから鎌倉時代にかけて、曹洞宗・臨済宗・浄土宗・浄土真宗（一向宗）・法華宗（日蓮宗）・時宗など、現在ある程度の規模の教団を維持しており、我々が日常的に接する仏教各宗派が相継いで成立する。奈良時代に成立したいわゆる南都六宗（法相・華厳・三論・律・倶舎・成実）と、平安時代の天台宗と真言宗を合わせた「八宗」が、この時点での既成教団であり、あくまで八宗が日本仏教の中心であるとする立場を「八宗体制」と称した。これに対して、この時期に成立した宗派を総称して、一般に「鎌倉新仏教」と呼ぶことが多い。大まかにいえば浄土系と禅系に二分されるが、浄土系では法然房源空（一一三三～一二一二）が先駆けとなり、禅宗系では葉上房《ようじょうぼう》栄西（一一四一～一二一五）が「禅宗初祖」と理解されている。しかし、この両者はいずれも叡山において天台教学を学び、前者は「智慧第一法然房」と称され、後者は「持律第一葉上房」と称されて、それぞれ叡山教学の中で育ち、確固たる立場と評価を得ていた人物である。念仏と禅という新しい教えを選択したのも、じつは叡山教学の中に埋もれていたものを掘り起こし、新しい方法論として掲げたと見ることができるのである。

いわゆる浄土思想は、慈覚大師円仁が中国五台山（山西省）から伝えた五会念仏《ごえねんぶつ》を修行に取り入れ、中流貴族を中心として不断念仏《ふだんねんぶつ》が盛行するとともに、天台座主である恵心僧都《えしんそうず》源信が『往生要集《おうじょうようしゅう》』

平等院鳳凰堂

を著すなどして、叡山浄土教として発展した。さらに、仏法が「正法《しょうぼう》・像法《ぞうほう》・末法《まっぽう》」と次第して衰えていくという三時思想において、日本では正法千年・像法千年説が一般的であったため、釈尊入滅を紀元前九四九年として、永承七年（一〇五二）が二〇〇一年目の「入末法」に当たるとされ、災害や戦乱の続発とも相俟《ま》って、末世《まっせ》意識が急速に高まったのである。それにともなって貴族社会の浄土信仰も盛んとなり、藤原道長は法成寺《ほうじょうじ》に荘厳豪華な阿弥陀堂を建立し、その子頼通《よりみち》も永承七年に宇治の別邸を平等院とし、翌年には有名な鳳凰堂を建立した。そのような経緯の中で法然が、叡山に所属する天台僧でありながら「専修念《せんじゅねん》仏《ぶつ》」を主張し、叡山からは迫害を受けたが、後世には浄土宗祖と仰がれることになる。

　禅については、唐朝の滅亡で中国禅宗が衰え、最澄が入唐求法して相承した四宗（四宗相承）の中に含まれる禅も、念仏ほどに注目はされなかったようであるが、北宋代に入って、中国禅宗が臨済宗を中心として再び盛んになると、叡山内部でも禅宗に対する関心が高まったようである。そのことは、栄西と同時期の叡山の学僧であり、『天台三大部私記』を著わした宝地房証真《ほっちぼうしょうしん》（生没年不詳）が、その撰述『天台真言二宗同異章《てんだいしんごんにしゅうどういしょう》』の中で、「達磨宗」という表現で禅宗に触れ、最近の中国では達磨宗が盛んであると述べている（『大正蔵経』七十四・四二一・上）ことからも推測できる。

十二世紀の末、鎌倉時代の幕明け直前ともいえる時期に、叡山で学びながら、積極的に禅宗に接近した僧が三人いる。一人はいうまでもなく栄西であり、一般に「日本禅宗初祖」と理解されていることを前述したが、ある意味で栄西に先行したのが、覚阿《かくあ》（一一四三～？）と大日房能忍《だいにちぼうのうにん》（生没年不詳）である。能忍については、その活動が栄西と大きな関係があり、またこれまであまり明らかではなかったが、史料の発見にともなって解明されてきた面もあるので、別に一章を設けて詳しく述べたい。

「隠れ禅宗初祖」覚阿

覚阿も、栄西と同様に比叡山で学んだ僧であるが、当時の叡山には中国で禅宗が盛んであるという情報がすでにあり、重要な書物も伝わっていたようで、栄西にしても覚阿にしても、後に述べる能忍にしても、禅ないし禅宗に関する知識を叡山で得ることは、十分可能だったと思われる。承安元年（一一七一）に入宋した覚阿は、臨済禅の公案集（模範的な禅問答とそれに対するコメントをまとめた書物）である『碧巌録《へきがんろく》』を著した圜悟克勤《えんごこくごん》（一〇六三～一一三五）の弟子仏海《ぶっかい》（瞎堂《かつどう》）慧遠《えおん》（一一〇三～一一七六）の法を嗣ぐが、覚阿が仏海に示したことばが、『嘉泰普燈録《かたいふとうろく》』という燈史《とうし》に載っている。燈史は、中国で禅を伝えた僧が悟った境地を伝える、いわば公式記録である。中国で禅を学び、中国人僧の法を嗣いだ日本人僧は少なくないし、中国の語録《ごろく》に名が見える人もいる。しかし、悟りの境地を示すことばが燈史に採録されたのは、後にも先にも覚阿ただ一人である。

在宋四年で帰国した覚阿の評判は、時の天皇の耳にも達したようで、壇ノ浦の合戦で海に沈んだ安徳天皇の父にあたる高倉天皇は、覚阿を召し出して禅の教えについて質問している。おそらく仏教界だけではなく貴族を中心とする知識階級には、中国における禅の隆盛が伝わっていたのであろう。覚阿は笛を一吹きすることで答えたが、ことばではなく行動で見解《けんげ》（悟りの境地）を示すことは、禅宗でよく用いられる表現方法ではあるものの、高倉天皇には理解されなかった。そのために覚阿は、禅宗の布教には時期が早すぎたと感じて叡山に隠遁してしまい、結局没年もわからない。後に述べるように、栄西が禅を伝えたのは二度目の入宋のとき（一一八七～一一九一）である。つまり覚阿は、中国宋代の禅宗を伝えた最初の人ということになるのだが、隠遁して弟子を育てることもなかったようで、後から禅を伝えた栄西に「禅宗初祖」の名誉を譲ることになってしまった。いわば覚阿は「隠れ禅宗初祖」といえる

栄西が後世の禅宗に大きな影響を与えたのに対し、覚阿は早く隠遁してしまい、能忍は『元亨釈書』の栄西伝に、栄西に論破されるという記述があったことで、近代の日本仏教史研究ではそれほど高く評価されることなく、両者ともに忘れ去られた感があった。『元亨釈書』は、多くの僧の伝記史料として貴重な研究材料であるが、右にいうような意味でも、今日一般に理解されているような、栄西を初祖とする日本禅宗史の骨組みについて、虎関師錬の『元亨釈書』が果たした役割は、きわめて

大きい。前に述べたように、『元亨釈書』伝智の冒頭に達磨の伝説を掲げたことから見れば、虎関が日本仏教の歴史を禅宗史として語ったといえるが、栄西を宋朝禅の将来者として強調した骨組みは、あたかも栄西一人が禅宗に関心を抱いたかのような印象と、日本仏教において禅ないし禅宗が認識されるのが栄西以降であるという、ある種の誤解にもつながる結果となった。しかし現実には、これまで述べてきたように、古代から禅宗に関する情報が伝えられていたこと、栄西以前にも積極的に禅を学ぶ僧がいたことからも、日本仏教の歴史の流れの中で、栄西が禅宗と出会う気運が高まってきたといえるのではないだろうか。言い換えれば鎌倉仏教は、決して平安仏教と断絶していた訳ではなく、必然的な発展展開の流れとして形成されていったといえるのである。

第二章　出家・修学と入宋求法

1　出自と出家

幼年期の環境と成長

栄西が生まれた時代は、白河上皇からはじまった院政期であり、鳥羽上皇の治世であるとともに、地方において勢力を蓄えてきた武士が、次第に公家社会を凌駕しつつあった。保元元年（一一五六）から平治元年（一一五九）にかけての保元・平治の乱を経て、仁安二年（一一六七）には平清盛が太政大臣となり、いよいよ武家政権の時代に入るのである。一時は「平家でなければ人ではない」といって憚《はばか》らなかった平氏も、清盛の没後には次第に衰えて、文治元年（一一八五）には壇ノ浦の合戦で滅ぼされる。建久三年（一一九二）に源頼朝が征夷大将軍に補任されて、いわゆる鎌倉時代がはじまるのであるが、栄西が生きたのはまさしく平氏政権が成立して武家政治がはじまり、源氏の鎌倉幕府から北条氏が実権を握っていく激動の時代だったといえる。

吉備津神社

栄西は、保延七年（一一四一）四月二十日、備中国（岡山県）吉備津《きびつ》神社の神官賀陽《かや》氏の子として生まれたとされる。母については「田氏《でん》」と伝えられるのみで、出自についての詳細は明らかではない。『元亨釈書』によれば月足らずで生まれたが、早産の子は両親に不利益をもたらすとされ、そのために母親が乳を飲ませなかったものの泣くこともなかったとある。父母両家に出入りする僧から知らされた父親の説得でようやく養育されたというが、このような伝承が史実かどうかは不明であるとしても、少なくとも何らかの事情がある出生であったと考えられる。たとえば、僧から知らされるまで父親が知らなかったという点で、母親がいわゆる正室という立場ではなかったとか、賀陽家ないし吉備津神社の後継者と期待される立場ではなかった可能性も否定できない。さらにいえば、それが出家につながる背景であるということも考えられる（訓読『元亨釈書』二八頁）。

八歳で父にしたがって『倶舎頌《くしゃじゅ》』を読んで以来、かつて三井寺《みいでら》（園城寺《おんじょうじ》・滋賀県大津市）で父とともに学んだ安養寺静心《じょうしん》に師事して仏法を学びつつ成長したとされる。『倶舎頌』は、いわば基礎仏教学とでもいうべき書物であるが、これを読むことが必ずしも出家につながる訳ではない。実際、栄西の父もかつては三井寺で学んだのであり、この時代に仏教を学ぶことは、ある意味で基礎教育の一環であったといえる。建仁寺の塔頭《たっちゅう》である両足院《りょうそくいん》に所蔵される『入唐縁起《にっとうえんぎ》』（『栄西禅師集』四八八頁）によれば、父母が加冠《かかん》せしめようとしたところ自ら出家を望んだとされ、その限りでは両親が出家させようとしたのではないことになる。ただし詳しいことが明らかでない以上あくまで想像にしか過ぎないが、当時の一定以上の身分の家柄では、男性当主が複数の女性との間で子をもうけることが一般的で、兄弟姉妹の人数が多い。当然ながら家督を継ぐのは一人であり、兄の早世によって弟が家督を継ぐことがあるにしても、たいてい何人かが出家している。比叡山の僧侶に公卿《くぎょう》の子弟が多いのも同じことで、一つには一族の無事安寧を祈るためであるが、一方で出家の身分になることで、貴族社会での身分に縛られない活動が可能になる。栄西の場合に同じことがいえるかどうかは不明ながら、出生をめぐる事情を思えば、自ら望んだとされてはいるが、いずれは出家するということが運命付けられていたのではないかとも考えられる。ただし史料に伝えられる限りでは、同郷の法然が父の遺言で出家したとか、道元が母の死で無常を感じたとかいったような、具体的な出家の動機というものは語られていない。

出家と修学

十四歳で比叡山に登って出家した。静心の示寂後、遺命によって法兄（兄弟子）千命《せんみょう》に就き、十八歳の時、千命から虚空蔵求聞持法《こくうぞうぐもんじほう》を受けている。虚空蔵求聞持法は、密教を学ぼうとするものが最初に修めるべき法で、記憶力や理解力を増進するとされ、栄西はこの法を非常に重んじて度々修している。比叡山におけるさまざまな記録をまとめた『渓嵐拾葉集《けいらんじゅうようしゅう》』四十六（『大正蔵経』七十六・六五七・中）の安元三年（一一七七）の一文に、署名がないものの「小僧某、生年十八にして始めて秘教の門に入りてより、三十七歳に至るまで、あえて倦情なし（私は十八歳ではじめて密教を学んでから、三十七歳に至るまでまったく気持ちが衰えていない）」とある。この文は栄西が著した、安然の『教時問答』に私見を加えた『教時義勘文』の奥書《おくがき》（撰述の末尾にある書誌的情報）と思われるが、安元三年はまさしく栄西三十七歳の年である。栄西の第一回入宋は二十八歳のときであるから、帰国後も熱心に密教を学んでいたことになる。十九歳のときには叡山の有弁に顕教を学び、二十二歳のとき、疫病が流行したために家族を思って帰省する一方、伯耆《ほうき》（鳥取県）大山寺《だいせんじ》の習禅房基好に就いている。

比叡山延暦寺戒壇院

基好は台密の穴太流《あのおりゅう》という法を受けて大山寺に住したが、『愚管抄』の撰者慈円僧正とも関係があり、地方だけでなく中央でも活躍した僧である。その後再び叡山に赴き、顕意から密教を学んでいる。二十七歳（一一六七年）のときには、基好より両部（金剛界・胎蔵界）灌頂を受けたと伝えられ、栄西自身が著した『菩提心論口決《ぼだいしんろんくけつ》』の、高野山明王院本の文応元年（一二六〇）の奥書（『大正蔵経』七〇・三二・上）にも、真言は穴太流を修し、多くの師の中で習禅房喜好（基好）を正師としたこと、基好が第二回入宋から帰国した栄西に最至極の印信《いんじん》を伝え、栄西は随喜して穴太流を流伝したと記されている。また愛知県春日井市密蔵院の所蔵史料によれば、嘉応二年（一一七〇）雲州（出雲）清水寺（島根県安来市）において、基好が「新入唐巡礼弟子栄西」に密教の奥義を授与した（『愛知県史　資料編』十一）とあるように、栄西は二回の入宋の前後を通じて継続的に基好に参学しており、その意味で基好が正師であるという『菩提心論口決』奥書の記述は、当を得たものといえる。

さらに『入唐縁起』によれば、

すなわち二十一にして山を離る。志、渡海に在り。中頃、成尋阿闍梨《じょうじんあじゃり》・三河入道（寂照）以後、入唐の僧、絶ゆる所なり。人毎《ごと》に此の事を語るといえども、還って嘲弄す。予、意、倒せず。真言の聖教を見るに、前仏垂跡の地、故仙遊行の処においてこれを祈るに、宿願ことごとく果たさずということなし、と。所々の霊窟を尋ぬるに、伯耆の大山、この儀に契《かな》えり。一夏百日ここに修練す。唐本の少字経を得たり。然して自ら知る、渡海の伴《とも》、先立ちて来たることを。行年二十八歳なり。

（『栄西禅師集』四八八頁）

〔現代語訳〕二十一歳で比叡山を離れたが、それは渡海（入宋）を志したからである。中頃（平安期の）成尋阿闍梨（一〇一一〜一〇八一）や三河入道寂照（?〜一〇三四）以来、中国に渡った僧は絶えている。会う人ごとにこのことを語っても笑われるばかりであるが、私の気持ちは変わらなかった。真言（密教）の経典を見ると、仏祖が足跡を残した地や、祖師方が歴遊された場所を訪ねて祈れば、宿願が実現しないということはない、とある。さまざまな霊験ある場所を尋ねてみると、伯耆（鳥取県）の大山が相応しい地である。ひと夏百日間ここで修練し、中国伝来の経典を手に入れた。（実際に渡海するのに）先だって、伴うべきものを入手したことを実感した。二十八歳のことである。

とあり、基好のもとでの修行中すでに入宋の志を抱いていたことを記している。

以上のように、栄西が出家してから師事したのは静心・千命・有弁・基好・顕意などであり、有弁からは顕教を、基好・顕意からは密教を学んだ。治承二年（一一七八）に起草した『盂蘭盆一品経縁《うらぼんいっぽんきょうえん》起《ぎ》』（国宝）にも、「少年にして出家す、志すところ秘密教に有り」と述べており、また『東福寺栗《りっ》棘庵《きょくあん》文書』所収「聖一国師《しょういつこくし》密授《みつじゅ》阿忍流記《あにんるき》」には、栄西が建久三年（一一九二）正月二十九日に筑前（福岡県）香椎《かしい》報恩寺において、かつて顕意から授けられた金胎《こんたい》及び雑密《ぞうみつ》の三部秘法を行じたと記されている（白石虎月《しらいしこげつ》編『東福寺誌』一七頁）ことから見て、専ら台密の研鑽に励んでいたことは明らかである。さらに建久九年（一一九八）年月十一日付で基好が栄西に金胎両部最深の秘密法を授けたことを示す記録が、叡山南渓蔵に蔵されている（多賀宗隼『人物叢書　栄西』二八〇〜二八一頁）。建久九年といえば栄西が主著『興禅護国論』を撰述したとされる年である。つまり『興禅護国論』撰述と相前後して、密教のもっとも重要な秘法を受けていたことになり、明らかに禅を伝えた後も密教を修していたと考えられる。こうした参学の経過は、栄西が二度の入宋によって伝えた禅が、どのような性格であったかを理解する上で重要である。

2 第一回入宋

入宋の決意と背景

生涯に二度入宋したことは、栄西の行実において特筆すべきことであるが、その志を抱くに至った動機については必ずしも明確ではない。ただ後の栄西自身の撰述の中には、そのことを窺わせることばが見られる。たとえば建久九年（一一九八）に撰述したと思われる『興禅護国論』「大国説話門第九」には、「西天・中華、見行の法式を語って、信行の人をして、仏法大海の中に入らしめんと欲す（天竺《インド》や中国で現に行われている法要儀式を伝えることで、人々を正しい教えに導こう）」（『栄西禅師集』二六五頁）とあり、元久元年（一二〇四）に撰した『日本仏法中興願文』に、「然れども求法渡海絶えて三百余年、遣唐使停まりてまた二百余年、ただに故実の漸く訛謬するのみならず、また墜文永く得ざらんか（仏法を求めて海を渡ることがなくなってから三〇〇年、遣唐使が廃止されてから二〇〇年、古くからの教えが正しく理解されないだけではなく、失われた教えが忘れられてしまう）」（『栄西禅師集』五八一頁）と述べている。つまり当時の日本仏教の状況、とりわけ叡山の現状を憂えていたものと思われる。さらに『日本仏法中興願文』には、「小比丘の大願は、ただこれ中興の情なり」

清凉寺式釈迦如来像

（『栄西禅師集』五八二頁）と述べており、比叡山の祖である最澄が学んだ大陸の仏法を自らも学ぶことによって、叡山の古風の復活を目指したのではないかと考えられる。

栄西がいうように、延暦二十三年（八〇四）に最澄・空海が入唐し、承和五年（八三八）には『入唐求法巡礼行記』を撰述した円仁が渡海して以降、遣唐使に伴う形での留学は途絶えたまま、寛平六年（八九四）菅原道真の建議で遣唐使そのものが廃止されてしまったので、その後は当然ながら公的な留学はなくなる。しかし、それ以後に日中の交流そのものが途絶えてしまったかというと、必ずしもそういう訳ではない。栄西以前に渡海したことが知られているのは、永観元年（九八三）に入宋した奝然《ちょうねん》（九三八〜一〇一六）で、帰国の際に将来した釈迦像は、生《しょう》身《しん》の釈迦像とされる像を模刻したもので、後に嵯峨清凉寺《せいりょうじ》（京都市）に安置され、いわゆる「清凉寺式釈迦像」として広まったものである。また長保四年（一〇〇二）には寂照が、五台山を目指すとともに、ときの天台座主恵心僧都源信から、中国天台宗に教学上の疑義を直接問い質す「唐決《とうけつ》」を託されて入宋している。さらに『参天台五台山記』の撰者であり、祈雨法（雨乞い）を修して神宗《しんそう》から善《ぜん》慧《ね》大師《だいし》の号を賜った成尋が、延久四年（一〇七二）に入宋している。渡海行を控えた栄西が、自らのかったのではないだろうか。

高まる志を標榜していることは当然であるが、見ようによっては単発的な交流が途絶えることはなかったといえるし、いわゆる貿易などを目的とした交流はそれなりに盛んであったのではないかと考えられる。おそらく記録には残らなかったものの、さまざまな理由や事情で海を渡った人物は少なくなかったのではないだろうか。

遣唐使が廃止されて国費による渡海がなくなった以上、当然ながら入宋の費用は自ら調達せざるを得ないが、どの程度の費用が必要であったかは明らかではない。『扶桑略記《ふそうりゃっき》』には、延久四年に入宋した成尋が船頭らに米・絹・沙金・水銀などを与えたとある（『国史大系』十二巻）が、具体的な費用についての記録は、これ以外に見られない。やはり『扶桑略記』に、栄西の生家とされる賀陽氏が吉備津神社の禰宜《ねぎ》で裕福であったと伝えるが、栄西の入宋に対して援助があったかどうか明らかではない。おそらくこの時期に渡海する僧は、自らの目的はあるにしても、資金を提供してくれる外護者《げごしゃ》に代わって祖跡を巡拝するとともに、中国の寺院から仏舎利を持ち帰るなど、いわば「代参《だいさん》」として入宋する場合が多かったのではないかと考えられる。『元亨釈書』によれば、栄西の場合も平清盛の異母弟頼盛が有力な檀那であったとし、頼盛の上奏で栄西が紫衣を賜ったと伝えている。もっとも第二回入宋の際には「西の西遊を聞いて、常に行装を遏《とど》む」とあり、再度の入宋には積極的ではなかったようである。第一回入宋に頼盛の援助があったかどうか明らかではないが、こうした頼盛との関係から見て、前半生の栄西は当時権力の絶頂にあった平家とのつながりが強かったと考えられ、資金的援助を得ていた可能性もあると考えられる。

仁安二年（一一六七）の暮れには九州に赴いて宇佐宮（大分県）に詣で、翌年正月には阿蘇山（熊本県）に入って修練するなどして入宋の無事を祈り、その他筑前（福岡県）安楽寺や筥崎宮《はこざきぐう》など、諸寺社にも航海の安全を祈願している。『興禅護国論』「宗派血脈門《しゅうはけちみゃくもん》第五」では、出航直前の博多において宋の通事（通訳）李徳昭に遇い、宋国では禅が盛んであることを知ったと述べている（『栄西禅師集』一七七頁）ことから見て、少なくとも第一回入宋の目的が禅を伝えることではなかったと思われるが、一方で同じ「宗派血脈門第五」に入宋後のこととして、明州（寧波《ニンポー》）広慧寺の知客《しか》禅師（禅院の接客係）との問答を挙げて、既に禅への志向があったことを示している（『栄西禅師集』一七七頁）。この広慧寺の知客との問答については、『元亨釈書』にも紹介されているが、何故か第一回入宋ではなく第二回入宋のとき、虚菴と出会う記事の直前で述べられている（訓読『元亨釈書』二九頁）。栄西が具体的にいつ頃から禅に関心を持ち始めたかは、必ずしも明らかではない。もちろん、前にも述べたように、日本仏教の中ないし当時の比叡山において、宋朝禅に対する関心が高まっていたのは間違いないが、専一に台密を学んでいた栄西が、禅を受法するのは飽くまで二回目に入宋したときである。また『興禅護国論』は、叡山からの批判に応えて禅を標榜するために著された書であり、その意味では多くの場合天台教学の典籍を論拠として反論し、禅の教えが最澄の教えと齟齬するものではないと主張している。いわばこの点が、栄西という人物に対する評価の分かれ目になるともいえる。

天台山と阿育王山巡礼

『入唐縁起』によれば仁安三年四月には出発し、明州に着岸して四明山に登ったところ、たまたま日本人僧俊乗房重源《しゅんじょうぼうちょうげん》（一一二一～一二〇六）と出会ったので、ともに天台山万年寺（浙江省）や阿育王山《あいくおうざん》に詣でている（『栄西禅師集』四八八頁）。とくに天台山では、破戒の人は渡ることができないことで有名な石橋で二人は青龍を見て、生身の羅漢が応現するのを感じ、栄西が茶を献ずると異花が盞（茶碗）に現じたといい、また阿育王山では仏舎利が光を放つのを見たというエピソードが、『入唐縁起』（『栄西禅師集』四八九頁）にも『元亨釈書』（訓読『元亨釈書』三三頁）にも伝えられている。『法燈圓明国師行実年譜』によれば、後に入宋した無本覚心も、この石橋を渡ったことが伝えられており（『続群書類従』九‐上、三五一頁）、日本人僧は多く渡ることができたとされる。

また後に、栄西の弟子明全とともに入宋した道元の伝記史料『建撕記』（瑞長本）にも、この天台山の石橋での羅漢とのエピソードが紹介されている。

> この羅漢供養の式・作法の奥書にいう、前《さき》の権僧正《ごんのそうじょう》大和尚位栄西の撰なり。この僧正、日本仁安中に入宋して、天台山石橋の羅漢を礼せんがために、この石橋を渡る時、羅漢逢い出でて、僧正がために法談す。希代の勝躅なり。同じく入宋の重源上人、橋のそばにあって、法談の声を聞く。また僧正、平田《へいでん》の万年寺に遊ぶ時、羅漢の現身を拝見し奉ると云々。この重源上人は奈良の大仏殿再興の勧進聖、俊乗房という人なり。
>
> （河村孝道編『諸本対校・永平開山道元禅師行状建撕記』七一頁）

〔現代語訳〕この羅漢供養式の作法は奥書によると、前の権僧正栄西大和尚の撰述である。この僧正（栄西）は仁安年間に入宋して、天台山の石橋で羅漢を礼拝しようとして石橋を渡り、羅漢が応現して僧正と法談した。たいへん素晴らしいことである。ともに入宋した重源上人が橋の側でその声を聞いていた。また僧正（栄西）が平田の万年寺に行かれたときにも、生身の羅漢を礼拝したという。この重源上人は、奈良東大寺の大仏殿を再興した、俊乗房という人である。

道元は『正法眼蔵』の中でも、何度か栄西に言及しており、道元の門流においても石橋の話は有名だったと考えられる。

第一回入宋の際に知り合った重源は、養和元年（一一八一）に、前年平家によって破壊された東大寺を再建するための東大寺大勧進職《だいかんじんしき》に任じられた、源氏政権とのつながりが強い人物である。栄西の後半生の活動が、鎌倉幕府の権威を背景にしていることを思えば、この出逢いは大きな意味を持っている。また源氏・平家に加え、後白河法皇などの権力闘争の中で自らも関白や太政大臣を歴任しつつ、四十年近くにわたって日記『玉葉』を書き綴り続けた、九条（藤原）兼実（一一四九～一二〇七）ともつながりがあったとされる。重源を継いで東大寺大勧進職に任じられたのは栄西であり、その後も栄西門流が勧進職を引き継いでいく。栄西が後半生鎌倉幕府と結び付くことで活動範囲を広げたり、朝廷要路に接近した背景には、重源との関係が影響した可能性は小さくない。ただ『元亨釈書』は、第一回入宋からの帰国を「損友」のためとしている（訓読『元亨釈書』二九頁）。損友とは一般的には関わらない方がよい友人という意味であるが、これが重源を指すとすれば、撰者虎関が損友とした理由は不明であり、また予定を変えての帰国であるにしても、その事情は明らかではない。『入唐縁起』でも「同船に上って帰朝す」（『栄西禅師集』四八九頁）とあるのみで、帰国後も昵懇の関係が続いたことを述べている。また『入唐縁起』は、帰国前に重源とともに再び阿育王山を訪れ、舎利殿の修造を申し出ている（『栄西禅師集』四八九頁）。

第二回入宋に向けて

九月には重源とともに帰国し、ときの天台座主明雲《みょううん》（一一一五～一一八四）に持ち帰った天台の章疏《しょうしょ》六十余巻を献じ、大いに称賛されたという。明雲は平家の護持僧であったが、平家の都落ちには同行せず、源義仲が後白河法皇を襲撃した際にその将に討たれたことで知られている。四月に入宋して九月に帰国したということは、滞在期間も長期とはいえないし、将来した典籍も多いとはいえない。言い換えれば第一回目の入宋は、やはり祖跡巡拝が主な目的であったと見てよいのではないだろうか。

重源

　また帰国後のこととして『興禅護国論』「宗派血脈門第五」で、

すなわち秋に及んで帰朝す。安然の教時諍論を看て、九宗の名字を知り、また智証の教相同異《きょうそうどうい》を閲して、山門相承の巨細を知る。また次いで伝教大師の仏法相承譜《ぶっぽうそうじょうふ》を見て、我が山に稟承《ひんしょう》あるを知る。畜念罷《や》まず、二十年を経たり。

（『栄西禅師集』一七八頁）

〔現代語訳〕秋になって帰国し、安然が著した『教時諍論』を見てさまざまな教えにも九段階の優劣があることを知り、智証大師円珍の『教相同異』を閲して、天台宗で（禅の教えが）どのように伝承されてきたかを知り、さらに伝教大師最澄の『内証仏法相承血脈譜』によって、比叡山に禅の伝統が脈々と伝わっていることを知った。（禅宗を学びたいという気持ちが）募りに募って二十年が経過してしまった。

と述べている。要するに、五大院安然や智証大師円珍、そして伝教大師最澄の撰述を閲覧して、比叡山の天台教学にも禅の伝統があったことを知ったとしているのである。栄西が『教時義勘文』を著すなど、台密の大成者である五大院安然に格別の敬意を寄せていたことは前にも述べたが、このときに見た『教時諍論』には九宗の教判《きょうはん》（教相判釈《きょうそうはんじゃく》）、すなわち九種の教えの優劣が述べられている（『大正蔵経』七十五・三六二・上〜中）。具体的には第一真言宗・第二仏心宗（禅宗）・第三法華宗（以下略）というものであり、『興禅護国論』でいう「我が山の稟承」は確かに禅の伝統を指すものであるが、安然が禅宗を法華宗つまり天台宗よりも優れた教えとしながらも、やはり最高の教えを真言宗にしていることは、出家以来研鑽を続けた密教への信仰に、より大きな力付けを得たと理解すべきではないかと思われる。栄西が「畜念罷まず、二十年を経たり」と述べているのは、第一回目の入宋からの帰国後に叡山における禅の伝統を知って以来、第二回目までの二十年間、禅の教えを求める想いが高まり続けたと告白しているのである。ところがこの期間に栄西が著した撰述は、ほとんど台密関係のものであり、禅に言及したものは確認されておらず、畜念罷まざる二十年間とは、生涯で最も熱心に密教を研鑽した時期であったと見るしかない。

帰国して叡山に登った後、しばらくは備前・備中地方（岡山県）において活動したようで、備前金山寺（岡山市）・同国日応寺（岡山市）・備中清和寺（井原市）などが舞台であったと思われる。とくに金山寺は栄西の遺品を多数伝えており、従来は法相宗であったのを栄西が天台宗に改めたとされるが、残念ながら二〇一二年に本堂が焼失した。栄西の密教は、その房号から「台密葉上流」と呼ばれるが、金山寺は葉上流の灌頂が初めて修されたところであるという。おそらくこの頃には、基好はじめ顕意などから受けた台密の教えを自らのものとし、「葉上流」を称していたものと思われる。その後、安元元年（一一七五）に仲原氏の娘の発願で、栄西を招いて筑前今津（福岡市）に創建された誓願寺に居を移している。栄西自筆として国宝に指定されている『誓願寺創建縁起《せいがんじそうけんえんぎ》』が十月二十五日付であるので、この頃には誓願寺に赴いていたと思われる。ただし同縁起では、自ら「備前州日応山入唐法師」（『栄西禅師集』四〇三頁）と名のっていることから、九州に移る以前は日応寺を拠点として活動してい

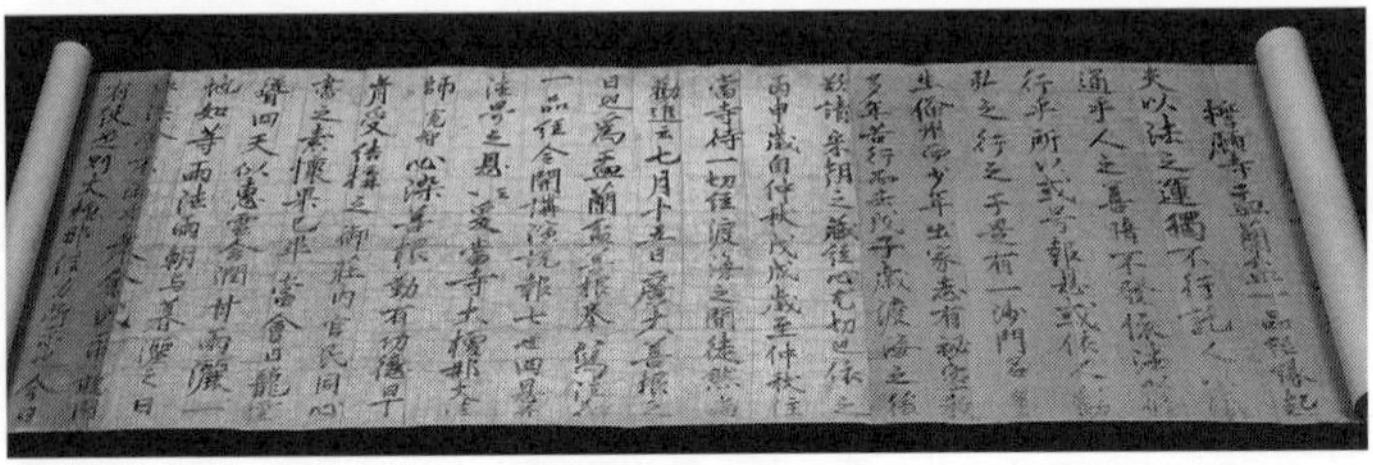

『盂蘭盆一品経縁起』

たのであろう。また同じく栄西自筆の『盂蘭盆一品経縁起《うらぼんいっぽんきょうえんぎ》』には、

去る戊子の歳（一一六八）渡海の後、宋朝の蔵経を請ぜんと欲するの心、もっとも切なり。これに依って、丙申の歳（一一七六）仲秋より戊戌の歳（一一七八）仲秋に至るまで、当寺に住し、一切経渡海を待つの間、徒然たること尚《ひさ》し。

（『栄西禅師集』四〇四頁）

〔現代語訳〕戊子の歳に入宋した後、中国の大蔵経を将来したいという気持ちが、非常に強かった。このことで丙申の歳の八月から戊戌の歳の八月まで、誓願寺に滞在して、一切経が中国から届くのを、じっと待っていた。

とあり、やはり大陸の仏法に対する関心の強さを示している。一切経は、あるいは大蔵経ともいうが、いわば仏道修行の基礎となるものであり、栄西自身も叡山での修行時代から入宋中を通じて複数回閲覧している。北宋・南宋の時代に刊行されたいわゆる宋版一切経は、日本へも何種かが伝えられて現存しており、近代に刊行された活字版大蔵経（『大正新修大蔵経』など）の底本にもなっているが、栄西の当時は限られた場所でしか閲覧ができなかったこともあり、誓願寺時代の栄西は、新たな一切経の入手を目論んでいたと考えられる。

ちなみに栄西は、一回目の入宋の際、阿育王山に詣でて仏舎利を拝している。呉越王銭弘俶（九二九〜九八八）は、インドのアショーカ王が建てた仏舎利塔の故事に倣って、八万四千の塔を造って領内に広めたとされる。銭弘俶塔のうち、日本に伝存しているうちの一基（重要文化財）が、誓願寺に所蔵されている。誓願寺所蔵の銭弘俶塔は、寺伝では栄西が宋から将来したとされている。ところがこの銭弘俶塔（宝篋印塔）は『扶桑略記』の「宝篋印経記」に、平安中期に中国に渡った肥前出身の天台僧日延が、銭弘俶塔の一つを得て中国から天暦末年（九五七）に帰国し、肥前国の国守に唐物として渡したと記されている。誓願寺の塔が、実際には栄西が将来したのではなく日延の将来物であったとして、第二回入宋前に誓願寺にいた栄西は、少なくとも日本の天台僧が阿育王山に行き、アショーカ王ゆかりの塔を将来したことを知っていたことになる。あるいはこの塔の存在が、インドへの憧れを膨らませたのかもしれない。

一方で文治三年（一一八七）に再び入宋するまでの間に、少なくとも十部の撰述を著しているが、前にも述べたようにそのほとんどが密教関係のものである。おそらく誓願寺をあまり動くことなく、一切経の到来を待ちながら著作に没頭していたのであり、その関心はやはり台密に限定されていたといってよい。

3　第二回入宋

第二回入宋の目的

撰者不明の『興禅護国論序』（『栄西禅師集』六頁）によれば、第二回入宋を目前にした栄西が、後鳥羽天皇の勅を奉じて祈雨の法を修したとある。栄西の両手の指から光明が放たれ、たちまち雨が降り始めると、草木の葉の上のすべての露に栄西の姿が映り、それを見た天皇から「葉上房」の号を賜ったといい、栄西の房号の由来を語る有名なエピソードとなっている。しかし京都妙法院所蔵『金剛界大灌頂随要私記《こんごうかいだいかんじょうずいようしき》』には、「承安三年（一一七三）癸巳五月（中略）筥崎宮《はこざき》今山別所に於いて備州入唐聖人葉上御房御本を以て書し了る」という奥書があるという（渋谷亮泰『昭和現存天台書籍綜合目録』）。この奥書が承安三年のものであるとすれば、栄西はそれ以前から「葉上房」を名のっていたのであり、『興禅護国論序』が伝えるエピソードは単なる伝説に過ぎないと考えられる。

栄西は、第二回入宋直前に『菩提心論口決』の草稿を著しているが、文治二年（一一八六）七月三日付の跋文には、「西域に赴かんと欲して解纜《かいらん》の期に曁《およ》ぶ（西域に行くために、船出の時期が迫っている）」と述べており（『大正蔵経』七〇・三二・上）、既に入宋の準備が整っていたことを窺わせる。ただし『菩提心論口決』跋文に「西域に赴」くとあるように、第二回入宋の目的は単に中国へ行くことではなく、さらにインドにまで到達しようとするものであったことがわかる。そのことは『興禅護国論』（宗派血脈門第五）に、「まさに今、予、西天の八塔を礼せんことを懐《おも》ふて日本文治三年丁未の歳（一一八七）春三月、郷を辞す。諸宗の血脈《けちみゃく》並びに西域の方誌を帯びて宋朝に到る（いま私はインドに行って釈尊ゆかりの八つの塔を礼拝するために、文治三年三月に故郷を出た。これまでに受けたさまざまな教えの証や、西域のことを記した書物を携えて宋国に到った）」（『栄西禅師集』一七八頁）と述べていることからも明らかである。第二回入宋が入竺を目的とした理由については、『興禅護国論』「世人決疑門第三」に玄奘三蔵の『大唐西域記』を引用していることや（『栄西禅師集』八八頁）、のちに著す『出家大綱《しゅっけたいこう》』が、内容のほとんどを唐の義浄（六三五〜七一三）がインド遊学中に見聞した比丘・比丘尼の生活を紹介する『南海寄帰内法伝《なんかいききないほうでん》』を典拠として、戒律の運用は地域や風土によって異なるとしても、戒律本来の意味を知るべきことを強調していることから見て、よりインドの仏教、つまり釈尊の僧伽《サンガ》（僧団）に近づくことを目指したのではないかと考えられる。この時期の叡山における天台教学は、本覚法門の隆盛とも相俟《ま》って教学的研究に偏っており、一方で戒律を遵守して修行する風が廃れていたと思われる。ある意味で叡山を離れた鎌倉仏教の祖師たちは、三学（戒・定・慧）の慧の偏重から、戒・定（戒律や禅定の実践）の復興を目指したと見ることができる。

宋朝禅の受法

『入唐縁起』によれば文治三年丁未（一一八七）四月十九日に出発している（『栄西禅師集』四八九頁）。当時の南宋の行在《あんざい》（臨時首都）である臨安府（浙江省杭州）に着いた栄西は、ただちに入竺の許可を請うたが、北蕃強大、つまり蒙古や金などの北方異民族の勢力が拡大し、西域への交通が閉ざされていることから、その申請は却下されてしまう。『元亨釈書』によれば、やむを得ずいったん帰国しようとするが、暴風のために吹き戻されて、前回も訪れた天台山万年寺へ赴き（訓読『元亨釈書』二九頁）、そこで臨済宗黄龍派《おうりょうは》の禅を伝える虚菴懐敞《きあんえしょう》（生没年不詳）に出会うのである。

虚菴懐敞は、中国の史料にその名が見えず、事跡はほとんど不明である。栄西の弟子蔵叟朗誉（一一九四〜一二七七）の法嗣である寂庵上昭（一二二九〜一三一六）の弟子、龍山徳見（一二八四〜一三五八）の『黄龍十世録』「慶元府天童虚菴懐敞禅師語要」（『五山文学新集』第三巻、二〇七〜二〇九頁。）によれば、出自や俗称は不明だが、臨済宗黄龍派の雪庵従瑾に嗣法し、江西省の廬山の東林寺から天台山万年寺、次いで天童山へと歴住している。おそらく年齢は、栄西より少し年長ではないか思われる。

当時の中国において禅宗が盛んであることは、比叡山においても認識されていたし、栄西自身が第一回入宋の際にも見聞していたが、宋朝の禅宗は「五家七宗《ごけしちしゅう》」という形に展開していた。五家とは潙仰宗・臨済宗・雲門宗・曹洞宗・法眼宗を指し、そのうち臨済宗が楊岐派《ようぎは》・黄龍派の二派に分かれ、総称して五家七宗と呼んだものである。その中で最も盛んであったのは臨済宗楊岐派で、黄龍派や同じ禅宗でも曹洞宗は少数であった。鎌倉以降に日本へ伝わった禅宗のうち、法孫を輩出して流派となったものを江戸初期に「日本禅宗二十四流」とするが（釈半人子撰『二十四流宗源圖記《にじゅうしりゅうしゅうげんずき》』）、黄龍派は栄西のみ、曹洞宗は道元など二派で、あとはすべて楊岐派である。虚菴懐敞は、いわゆる「十方住《じっぽうじゅう》持制《じせい》」によって中国五山第三位である天童山景徳寺住持となっている人物である。十方住持制は、五山など寺格の高い寺院の住持が皇帝や天皇などの勅によって選任される制度であり、当然ながら指導力や経営手腕を認められた僧と考えられる。ただ前後の事情、とくに入竺許可が却下された後に帰国の途についたことからみても、栄西がとくに黄龍派の禅に関心があったとは思えないし、虚菴に参ずるために入宋した訳でもない。その意味では栄西と虚菴との出会いは、栄西自身が想定していなかったさまざまな事情の中での、きわめて得がたい因縁といえるものである。

栄西と虚菴の関係について、『菩提心論口決』の奥書は次のように述べている。

大唐において師を諸方に尋ぬるに、その人有ることなし。ただ、興るところは禅宗のみなり。すなわち禅門を伝う。また唐の禅師、秘教の義理を栄西に問う。問いに随いてこれに答うるに、禅師随喜して、灌頂を受くべしと、云々。すなわち栄西、灌頂式を製して唐禅師に授くと、云々。

（『大正蔵経』七十・三十二・上）

〔現代語訳〕中国（宋）で参ずべき師をいろいろと尋ね回ったが、見つからず、盛んなのは禅宗だけであった。そこで禅宗を伝えた。また中国の禅師から、密教の教えについて問われたので答えたところ、禅師は喜んで灌頂を受けたいと言われた。そこで灌頂の作法をまとめて禅師に授けた。

入宋したものの師と仰ぐべき人物に巡り逢えず、禅宗だけが盛んであったので、禅を学んだこと、虚菴懐敞が密教の義理を問い、栄西の答えを聞いて随喜し、灌頂を受けたいと希望したとある。灌頂とは、密教で法を伝える重要な儀礼であり、栄西はその方法を書き与えたとある。一方で『元亨釈書』に、これとは立場を逆にする以下のような記述がある。

菴（虚菴）問うて曰く、伝え聞く、日本には密教甚だ盛んなりと。端倪の宗趣、一句いかん。対えて曰く、初めて発心するとき、すなわち正覚を成ず、生死を動ぜずして涅槃に至る、と。菴、慰誘して曰く、子の言のごとくならば、我が宗と一般なり、と。西（栄西）これより心を尽くして鑽仰す。

（訓読『元亨釈書』二九頁）

〔現代語訳〕虚菴から「伝え聞くところでは、日本では密教が盛んだというが、その教えを端的にいってみよ」と問われたので、「菩提心をおこしたときには、すでに悟りを成就しているといえるし、生死にかかわらず涅槃（悟り）に到ることもできる」と答えた。虚菴は諭《さと》し教えて「君の言う通りならば、我が宗（禅宗）と同じである」といわれた。それ以後、栄西は心から禅宗に帰依した。

栄西が虚菴の密教に関する問いに答えると、虚菴は密教と禅宗の教えは同じであると教え、以後、栄西は心を尽くして禅を学んだということになっている。双方の記事における栄西と虚菴の立場が、師と弟子という関係で逆転していることは措くとして、禅の受法の場に密教が関わっていた、言い換えれば禅と密教の教えが共通するものであると確認している点は、その後の栄西の思想を示唆するものとして、きわめて重要である。

第二回入宋を目前にして、栄西の台密はすでに完成していたといってよく、前に述べたように、二度目の入宋の最終目的が入竺であったことは、栄西自身が『興禅護国論』の中で明言している。しかも『元亨釈書』の伝えるところでは、入竺が許可されなかった栄西は、いったん帰国の途についたのであり、そのまま帰国していたとすれば禅を受法することもなかったことになる。たまたま暴風によって吹き戻され、思い直して再訪した天台山万年寺で虚菴懐敞で参じたのは、ほとんど邂逅《かいこう》（偶然の巡り会い）といっても過言ではない出会いだったといえるのである。その虚菴が説く禅を、何の抵抗もないかのように受け入れるためには、やはり栄西の素地である台密教学が虚菴に認められるか、少なくとも両者の間で何らかの思想的な調整がなければ困難だったのではないだろうか。虚菴懐敞と栄西の密教を巡る関係で、いずれが師の立場をとったかは明らかではないが、後に兼修禅と評される栄西の禅風《ぜんぷう》は、虚菴からの受法の時点ですでにその方向性を持っていたことになる。言い換えれば、栄西は若年より研鑽した台密を捨てて禅宗に帰依したのではなく、あくまで台密を基盤として禅を受法し、いわば積極的に密教と禅を併せて修する「密禅併修《みつぜんへいしゅう》」という、独自の禅風を掲げたと考えられるのである。

第二回入宋で得たこと

もうひとつ注目すべき点は、『興禅護国論』「宗派血脈門第五」に「敞禅師に投じて師となす。参禅問道、頗《すこぶ》る臨済の宗風を伝う、四分戒を誦し菩薩戒を誦し已畢《お》わる（虚菴禅師に入門して修行し、臨済宗の教えを伝え、四分律《しぶんりつ》と菩薩戒を授かった）」（『栄西禅師集』一八一頁）

とあるように、すでに叡山で受戒している栄西が、虚菴からいわゆる小乗仏教（南方仏教）の戒と大乗戒を受けていることである。比丘・比丘尼になる本来の受戒制度を日本に伝えたのは、井上靖の『天平の甍《いらか》』で知られる鑑真和上《がんじんわじょう》である。出家して沙弥《しゃみ》・沙弥尼《しゃみに》になり、修行して二十歳になると具足戒《ぐそくかい》（正式に出家した男女が守るべき戒律で、比丘二五〇条、比丘尼三四八条）を受けるのであり、天下三戒壇（奈良東大寺・太宰府〔福岡県〕観世音寺・下野《しもつけ》〔栃木県〕薬師寺）でのみ受戒できた。ところが最澄は、大乗仏教の比丘・比丘尼は、『梵網経《ぼんもうきょう》』に説かれる菩薩戒だけを、比叡山の戒壇で受戒すればよいとする日本天台宗だけの独自の授戒制度を打ち出した。ただしこの制度は、基本的に日本以外の仏教圏では認められず、歴史的にもさまざまな問題に派生し、特に鎌倉仏教の祖師たちにも関わってくる。いずれにしても、栄西がそもそも天台宗の僧であるという意味では、当然比叡山で菩薩戒を受けているし、原則としては小乗仏教の四分律を受けない立場であるが、虚菴のもとでの修行生活で、中国禅宗の慣習に従って大小両戒を受けたと思われる。禅宗寺院の修行生活は、清規《しんぎ》という禅宗独自の規則に準じて営まれるが、朝起きてから就寝するまで生活の細部にわたって規定した、ある意味で四分律にも通じるものともいえ、清規に基づく禅院生活を体験した栄西にとって、四分律を受けることに大きな違和感はなかったと考えられる。

さらに『興禅護国論』では「扶律の禅法に依り、法をして久住せしむるの義を明かす（戒律を守ることによって禅定を修し、仏法を永遠に伝えることを示す）」（『栄西禅師集』三八頁）と述べ、「浄戒を以て方便と為す」とか「この宗は戒を以て初と為し、禅を以て究と為す」など、戒律の重視を示す表現を数多く用いているし、また『出家大綱《しゅっけたいこう》』『斎戒勧進文《さいかいかんじんもん》』を撰述して、戒律の護持が仏法の命脈であることを説いている。しかも「第七門の余」では、「爾《しか》らばまさに何の戒によってか参禅すべきや」との問いに答えて、

四分梵網等の戒、これまさに宜しきところなり、外、声聞《しょうもん》の威儀《いぎ》を学び、内、菩薩の慈心を持《たも》つが故なり。

（『栄西禅師集』二二七頁）

〔現代語訳〕四分律および菩薩戒を受けるのが正しい。それは、戒律をきちんと守る小乗仏教の生活姿勢を学ぶことでことでこそ、大乗仏教の菩薩の慈悲心を保つことができるからである。

と述べ、威儀すなわち行動規範としては南方仏教（小乗）で用いられているような厳格な戒律を護持することによってこそ、内なる菩薩の慈悲心（大乗）を保つことができると説いている。おそらくそれは、宋朝禅林が禅院独自の規則とされる清規に基づいており、戒律と禅定を重んずる本来の修行、言い換えれば、より仏教の原点に近い生活を自ら体験したことによるものと思われる。

右のことと関連して注目されるのは、在宋中の栄西が建築に強い関心を寄せていることである。『元亨釈書』によると、

西（栄西）万年に在りしとき、三門・両廊、欠く。西、三百万を捨てて二役を挙ぐ（中略）観音院・大慈寺・智者の塔院、および天童山の千仏宝閣を修す。

（訓読『元亨釈書』三三二頁）

〔現代語訳〕栄西が万年寺に居たとき、（万年寺の）三門と両側の回廊が欠けていた。栄西が寄進をしてこれを建てた（中略）観音院・大慈寺・智者（天台宗の開祖、天台大師智顗）の塔院、および天童山の千仏閣も修造した。

とある。すなわち、万年寺滞在中に私財を投じて、いずれも天台宗の開祖智顗にゆかりの智者塔院などを修復している。また天童山の千仏閣修営については、楼鑰《ろうやく》『太白名山千仏閣記』（『栄西禅師集』四三四頁）に、帰国後に良材を寄進することを約し、実際に帰国後の建久三年（一一九二）木材を天童山に送り、受け取った虚菴が笑って「吾が事、なる」といった、とある。後に栄西が東大寺や法勝寺九重塔の復興に手腕を発揮するのは、このときの関心や経験が活かされたといえる。栄西は二度目の宋地における生活を通じて、南宋仏教における生活や法会というソフト面だけではなく、寺院の建築や機構といったハード面をも学び、それを将来することによって日本仏教の再生を図ろうとしたのではないだろうか。

第三章　帰国後の活動と『興禅護国論』

1　禅宗排斥の嵐

九州から京へ

『元亨釈書』によれば建久二年（一一九一）七月、栄西は揚三綱の船で肥前（長崎県）平戸の葦浦に帰着したとされる（訓読『元亨釈書』三〇頁）。帰国後しばらくは九州（おそらくは誓願寺）を拠点として活動し、九州一円から長門（山口県）にかけて、相当数の寺院を開創したという記録もあるので、あるいはそれなりに支援者を獲得し、新帰朝の気概を持って活動したものと考えらる。中でも『元亨釈書』に、建久三年（一一九二）に、筑前国香椎宮（福岡市）の側に開いた報恩寺において、菩薩戒の布薩《ふさつ》を行ったとある（訓読『元亨釈書』三三頁）のは、我が国における布薩の初例とされる。布薩は、教団粛正のために戒律を読誦説示する法会で、栄西はその重要性を『興禅護国論』で説いている。こうした戒律重視の法要を帰国早々に行じていることからみると、伝統的な叡山仏教の復興を念頭に置きながらも、あるいは、だからこそ宋朝伝来の新しい教えを広めようという意欲が旺盛であったのであろう。

帰国後しばらくの間九州に滞在した栄西が、いつごろ京に戻ったかは明らかではない。『元亨釈書』には「また筑前筥崎に良弁《ろうべん》なる者あり。西の禅行を嫉《にく》んで、叡山講徒を誘い、朝に訴えて竄逐《ざんちく》せんとす（筑前の筥崎に良弁という者がいた。栄西が禅を弘めるのを憎み、比叡山の僧侶たちに働きかけて、朝廷に訴えて追放しようとした）」（訓読『元亨釈書』三一頁）とあり、九州に滞在していた栄西が、禅宗を唱えていたことが窺える。栄西在京の最初の記録は、『百錬抄《ひゃくれんしょう》』建久五年（一一九四）七月五日条に、「入唐上人栄西」および「在京上人能忍」の達磨宗布教が、叡山からの奏聞で停止《ちょうじ》されたというものである（『国史大系』第十一巻一二五頁）。あるいは筥崎の良弁が叡山に働きかけたことも、その要因になったと考えられる。

能忍とは、栄西の帰国より早い文治五年（一一八九）に、弟子二名を阿育王山の仏照徳光（一一二一～一二〇三）のもとに派遣し、印可を代受させたとされた人物である。『元亨釈書』は、仏照が印可したのは「異域の信種を哀れん」だからであり、禅宗教化禁止も、栄西が能忍の巻き添えになったと述べている（訓読『元亨釈書』三〇頁）。後にも述べるように、栄西自身も『興禅護国論』においてきわめて強い調子で非難している（『栄西禅師集』一四六頁）。大日房能忍と達磨宗については、中世の禅宗史における重要な問題であるので章を改めて紹介するが、『百錬抄』の記事で注目すべきことは、栄西を「入唐上人」と呼び、能忍を「在京上人」と呼んでいることである。つまり入宋したか否かという、両者の決定的な違いについて、栄西が批判するまでもなく、いわば市民レヴェルでも認識されていたということであり、当時の僧侶たちの行動全般についても、いわば社会的にもそれなりに周知されていたと考えられる。

右のことが影響したためか、建久六年（一一九五）栄西は関白九条兼実（一一四九〜一二〇七）と思われる人物に徴問されている。『元亨釈書』によれば、

六年、藤相国《とうのしょうこく》に詔《みことのり》して西を府裏に召し、主当令仲資（高階仲資《たかしななかすけ》）を以て徴問せしむ。尚書左丞宗頼（葉室宗頼《はむろむねより》）預かり聞く。西、偽党を排斥して真乗を挙唱す。詞弁渙然たり。冠纓、聴を聳《そばだ》つ。西の曰く「我が禅門は、特に今始めてこれ有るにあらず。昔、叡山の伝教大師、嘗《かつ》て『内証仏法《ないしょうぶっぽう》相承血脈《そうじょうけちみゃく》（譜《ふ》）』一巻を製《つく》る。その初めは、すなわち我が達磨西来の禅法なり。かの良弁、昏愚無知にして、台徒を引いて我を誣《し》う。禅宗もし非ならば、伝教もまた非なり。伝教もし非ならば、台教立たじ。台教立たずんば、台徒あに我を拒まんや。甚だしきかな、その徒の、その祖意に闇《くら》きことや」と。時に台宗有識の者、西の言を以て善なりとなす。これに因《よ》って叡衆、西の禅化《ぜんけ》を輔《たす》く。西、また忍（能忍）と宗義を抗弁す。往反数番にして忍、口を杜《と》じて退く。故を以て西の道行、都城に盛んなり。

〔現代語訳〕六年、藤原（九条）兼実に詔して栄西を内裏《だいり》に召し出し、高階仲資に徴問させた。そ

の場には葉室宗頼が立ちあっていた。栄西は（間違った教えを説く）偽物を否定し、（自分が説いている）正しい教えを主張した。非常に明解であった。公卿たちも耳を傾けて聞いていた。栄西は「私が伝えた禅宗は、けっしていま初めて伝わったわけではない。かつて比叡山を開いた伝教大師（最澄）が『内証仏法相承血脈譜』一巻を著されたが、その始まりは達磨が西天竺から伝えた禅宗である。あの良弁は無知な愚か者なので、天台宗の僧たちを誘って私をおとしめた。禅宗が間違っているなら、伝教大師もまた間違っている。伝教大師が間違っているなら、天台宗は成り立たない。天台宗が成り立たないのなら、その僧たちがどうして私を（天台宗の立場から）否定できるというのか。天台宗の僧たちでありながら、その祖師（最澄）の教えを理解していないことの、なんと甚だしいことか」といった。そのとき天台宗でも知識ある僧は、栄西の主張を正しいとした。それで叡山の僧たちも、栄西が禅宗を弘めることを助けた。栄西はまた、能忍と教えついて論を戦わせた。何度かやりとりをした結果、能忍は何もいえずに退いた。それによって、栄西の教えが都にも弘まった。

（訓読『元亨釈書』三一頁）

伝教大師最澄も禅宗を伝えていること、天台宗徒が禅宗を否定するのは伝教大師を否定することであり、それは最澄の祖意を知らないことであると主張している。ここで「藤相国」とあるのが、日記『玉葉』で知られる九条（藤原）兼実とされる。相国は一般的に太政大臣の中国的表現であるが、実際には兼実はこの時期、関白の地位にあった。兼実は、建久三年（一一九二）源頼朝の征夷大将軍宣下に尽力するなど、鎌倉幕府とは浅からぬ関係がある。晩年に関係がこじれて建久七年（一一九六）には関白を罷免《ひめん》されているが、栄西の主張を聞いた兼実に支援の意思があったとすれば、その後の鎌倉下向や朝廷との関係につながる可能性も否定できない。

『百練抄』によれば建久五年には京での活動を禁止され、次項で述べるように翌六年には博多（福岡市）に聖福寺を開いており、さらに同年春のこととして、香椎宮の菩提樹を東大寺に移植したとある。その一方で、同じ六年に内裏に召し出されて徴問を受けていることから見て、栄西がこの時期、九州と京を何度か行き来していたのではないかと考えられる。

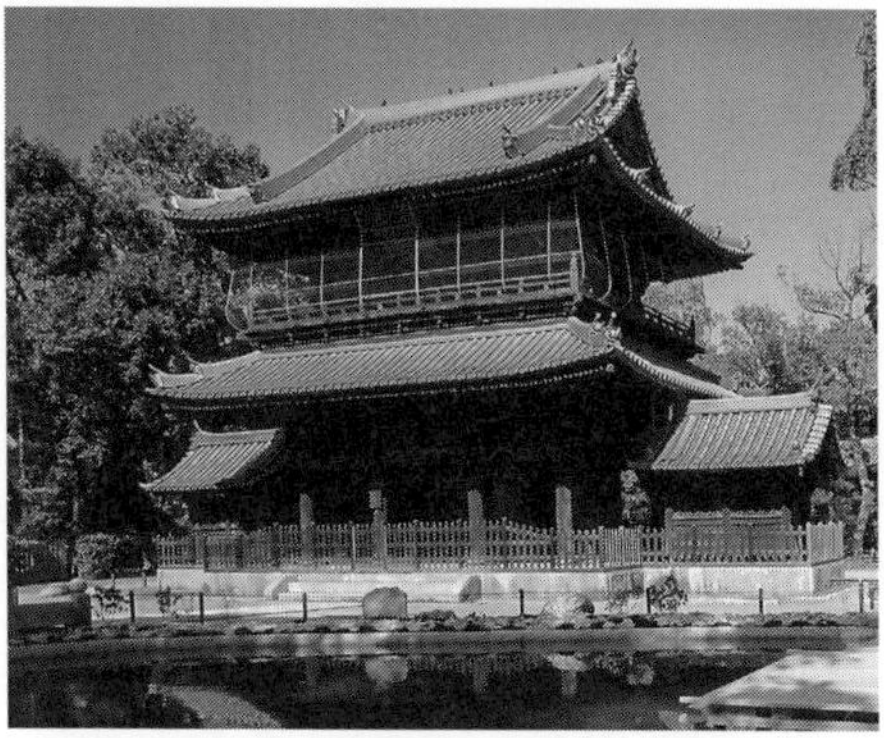

聖福寺三門

扶桑最初禅窟の開創

建久五年に京での布教を禁止された後、翌六年（一一九五）には再び九州にあって、博多（福岡市）に聖福寺《しょうふくじ》を建立している。聖福寺は、栄西が開創した寿福寺（鎌倉市）・建仁寺（京都市）と並ぶ重要な寺院であり、我が国最初の本格的禅宗寺院である。山門には、元久元年（一二〇四）に後鳥羽天皇より賜ったとされる「扶桑最初禅窟」の額がある。第一回入宋の直前に博多で宋の通事李徳昭と会っていること、『興禅護国論』の末尾に付された『未来記』に張国安との問答が記されている（『栄西禅師集』二八七頁）ことを見ると、栄西と博多在住の宋商人たちの間にそれなりの関係があったとも考えられる。したがって寿福寺・建仁寺が鎌倉将軍家の外護によって建立されたのに対し、聖福寺は栄西とそうした宋商人とのネットワークを背景として建立されたと見ることができる。仏教伝来から遣唐使に伴う留学僧、中国人僧侶の渡来や祖跡巡拝ないし禅宗将来のための入宋僧など、さまざまな形での日中交流の歴史の中で、博多という土地が果たした役割はきわめて大きなものがある。日本を離れて大海にこぎ出す直前の情報収集の地であるとともに、禅宗についてみても、本格的な将来以前に個人的な信仰として宋商人が伝えていた可能性も高い。あるいは渡来僧の場合も、いったん博多に滞在した後に、日本での活動を開始した例が多い。したがって栄西の行動や聖福寺建立についても、博多という土地の特性を背景としたものと見るべきである。

『元亨釈書』では、聖福寺開創の建久六年（一一九五）のこととして、

この春、天台山の菩提樹を分かちて東大寺に栽《う》う。初め西、台嶺に在りしとき、道邃《どうずい》法師の栽うる所の菩提樹の枝を取って、商船に付して筑紫の香椎《かしい》の神祠に種《う》う。建久元年（一一九〇）なり。西、以謂《おも》えらく「吾が邦《くに》未だこの樹あらず。まず一枝を本土に移し、以て我が伝法中興の効《しるし》を験《こころ》みん。もし樹、枯槁《ここう》せば、吾が道、作《おこ》らじ」（中略）東大寺の復するに逮《およ》んで、勅してこの木を移す。元久の始め（一二〇四）、西また台枝を取って、建仁の東北の隅に栽う。両処茂盛んにして、蔭を垂ること数畝《ほ》、今に至るまで繁し。天下に分かち栽う。

（訓読『元亨釈書』三三～三四頁）

〔現代語訳〕この春、天台山から将来していた菩提樹を東大寺に移植した。栄西が天台山にいたとき、道邃法師の栽えられた菩提樹の枝を取り、商船に託して香椎宮に植えたものである。建久元年のことである。栄西は「我が国にはまだ菩提樹がない。まず一枝を本国に将来し、それで自分が正しい教えを中興できるかどうかを占おう。もし樹が枯れたなら、できないということだ」と考えた。（中略）東大寺が復興したので、勅命によって菩提樹を移植した。元久元年には、また枝を取って建仁寺の東北隅に植えた。いずれの樹もよく繁って大きな蔭を垂れ、今に至っている。これが天下に分け植えられた。

と、栄西が菩提樹を将来し、東大寺や建仁寺に移植したことを伝えている。栄西は後に、ともに帰国した重源を継いで東大寺大勧進職となるが、文治元年（一一八五）に大仏の開眼供養が行われ、建久六年には大仏殿が再建されている。あるいは「東大寺の復するに逮んで、勅してこの木を移す」とあるのは、大仏殿再建と関係があるのかも知れず、だとすれば、やはりそれも重源との関係によるものと考えられるし、さらにいえば、栄西と東大寺の関係そのものが、かなり早い時期から意識されていたとも考えられる。道邃法師（生没年不詳）とは、栄西が尊敬してやまない最澄が、入唐して菩薩戒を受けた人物であり、その道邃が天台山に植えた菩提樹を日本に将来し、さらに東大寺・建仁寺に移植したのは、やはり栄西が最澄の古法を復興すること、自らの意図が国家に認められることを目指していたことを示していると考えられる。もう一つ考えられるのは、前年の建久五年に、大日房能忍とともに都での布教を禁じられていたこととも、無縁ではないかもしれない。

2 『興禅護国論』

撰述の意図

本書のサブタイトルにある「大いなる哉《かな》、心《しん》や」は、栄西の主著とされる『興禅護国論』の冒頭の文である。きわめてストレートなフレーズであり、これから述べようとする自らの見解に対する自信とある種の気負いのようなものが感じられる。その「心」について栄西は、

天の高き、極《きわ》むべからず。しかるに心は天の上に出ず。地の厚き、測るべからず。しかるに心は地の下に出ず。日月の光は踰《こ》ゆべからず。しかるに心は日月光明の表に出ず。大千沙界《だいせんしゃかい》は窮《きわ》むべからず。しかるに心は大千沙界の外に出ず。

（『栄西禅師集』一四頁）

〔現代語訳〕天の高さを極めることなどできないが、心はその天さえも超える。この大地の深さな

ど測ることはできないが、心は大地の深ささえも突き抜けてしまう。太陽や月に勝《まさ》る光はないが、心はその光さえも超える。この世界を窮めることはできないが、心はその世界さえも覆い尽くす。

と、いかに大いなるものであるかを強調している。ここでいう「心」とは、我々が頭で考えることとか、いわゆる心理学的な意味での「こころ」とは異なるものである。仏教では、仏陀の教えに従った生き方の根本を、「菩提心《ぼだいしん》」といい「唯一心《ゆいいっしん》」などというが、禅宗は学問的な経典の意味を説くのではなく、その根本の「心」を指し示すという意味で「仏心宗」とも称する。つまり栄西は『興禅護国論』において、仏陀の教えの根本としての「心」を説く、と宣言しているのである。

さらに具体的な撰述の意図について、次のように述べている。

ここに西来大師、棹を南海に鼓《こ》し、錫《しゃく》を東川《とうせん》に杖《つえ》して以降《このかた》、法眼《ほうげん》、高麗に逮《およ》び、牛頭《ごず》、日域に迄《いた》る。これを学して諸乗通達し、これを修して一生発明す。外に涅槃扶律を打《だ》し、内に般若智慧を併《あわ》す。蓋《けだ》しこれ禅宗なり。（中略）しかるにこれを謗る者《そし》あり。謂《い》うて暗証禅《あんしょうぜん》と為《な》す。これを疑う者あり。謂うて悪取空《あくしゅくう》と為す。また末世の法に非《あら》ずと謂い、また我が国の要に非ずと謂う。あるいは我が斗筲《としょう》を賤《いやしみ》て、もって未《いま》だ文を徴《ちょう》せずと為し、あるいは我が機根《きこん》を軽んじて、もって廃を興《おこ》し難《がた》しと為す。これ則《すなわ》ち法を持《じ》する者、法宝《ほうぼう》を滅し、我に非ざる者、我が心を知らんや。ただ禅関の宗門を塞《ふさ》ぐのみに非ず、抑《そも》そもまた叡嶽の祖道を毀《やぶ》る。慨然たり、悄然たり、是か非か。

よって三篋の大綱を蘊《あつ》めて、これを時哲に示し、一宗の要目を記して、これを後昆《こうこん》に貽《のこ》す。跋《ばつ》して三巻と為し、分《わかち》て十門を立て、これを名づけて興禅護国論とす。

（『栄西禅師集』二〇〜二六頁）

〔現代語訳〕達磨大師が南方の海より（中国に）渡来して、錫杖《しゃくじょう》をついて洛陽に到ってから、（禅宗五家の）法眼宗は高麗（朝鮮半島）に広まり、牛頭宗は（最澄によって）日本に伝わった。これ（禅の教え）を学んで仏教全般を知り、これ（坐禅）を修行して悟りを開く。外（行動）においては仏陀が遺された戒律を守り、内（姿勢）は菩薩の智慧を併せたもつ。これこそが禅宗である。（中略）ところがこれ（禅宗）を非難する者がいて「正しい悟りではない」とし、疑う者がいて「間違った理解」だとする。また末法の世にふさわしくない教えとし、日本国には必要がないなどという。あるいは私の器量を賤しみ、経典によって証明されていないとし、私の能力を軽んじて、だから廃れた教えを復興することなどできないとしている。

こうした非難は、とりもなおさず仏法を伝える者自身が（仏・法・僧の三宝の）法宝を滅びさせるようなものであり、私以外の（法宝を滅ぼすようなことをいう）者が、私の心を知ることなどできるはずがないということである。それは単に禅宗の扉を閉ざすだけではなく、そもそも比叡山に（牛頭宗の）禅を伝えた伝教大師の教えを誹謗することである。なんと嘆かわしいことか、なんと残念なことか、さてどちらが正しくてどちらが間違っているのか。

そこで（経・律・論の）三蔵の教えを要点を集めて世の中の知識ある人に示し、禅宗の教えの肝心を書きとどめて後世の人のために残そう。三巻にまとめ、（全体を）十門に分け、これを『興禅護国論』と名付けた。

つまり、禅宗の教えを理解しない比叡山の僧たちが自分を批判するのは、仏法そのものを誹《そし》ることであるし、とりもなおさず天台宗祖である伝教大師最澄をもおとしめることになると反論している。

禅宗排斥への反論

栄西が『興禅護国論』を著した時期は、本文中に「日本当今建久九年戊午歳」（『栄西禅師集』七一頁）とあることから、建久九年（一一九八）頃と察せられる。撰述の場所については、栄西が開いたとされる摂州武庫郡浜田村護国山興禅寺（尼崎市・臨済宗妙心寺派）とする記録もあるが、明らかではない。撰述の直接的な動機は、建久五年（一一九四）に叡山の圧力によって布教活動が禁じられたことである。『興禅護国論』は、上中下三巻で構成され、さらに全体を以下の十門に分けている。

令法久住門第一　　鎮護国家門第二　　世人決疑門第三
古徳誠証門第四　　宗派血脈門第五　　典拠増信門第六
大綱勧參門第七　　建立支目門第八　　大國說話門第九

序文にも述べられているが、叡山からの禅宗批判は『興禅護国論』「世人決疑門第三」によれば、禅が末世の法ではなく我が国の要でもないということ、栄西が禅を広める資格や地位に欠けるということなどである。この論難に反論するために栄西は、禅を天台教学と切り離すことなく、しかもその優位なることを説いているが、一々の論難に対する反論とは別に「大綱勧参門第七」に、いわば大きな意味での自らの仏教観を示して「約教分・約禅分・約総相分」の三を立てている（『栄西禅師集』一九九〜二〇〇頁）。第一約教分は諸教諸宗、つまり学問的な理解を中心とする仏教であり、機根の劣った人が禅の奥深い教えを学び、修行するための方便であるとしている。第二約禅分は、文字にこだわらず知識による分別に束縛されない禅であり、最上利根の人のために説かれるとしている。さらに第三約総相分は、諸教とか禅とか、菩提とか涅槃などの、文字表現を越えたところのものであると述べている。機根とは、いわば仏教を理解する力とでもいうべきもので、釈尊が相手の理解力に応じて教えを説くことを対機説法といい、多くの経典も機根に応じて説かれたものとして分類される。つまり禅の教えは諸教すなわち学問的な教えよりも優れているが、その諸教や禅を超越した最も優れた教えとして「約総相分」というものを設定しているわけである。

若年より台密を研鑽した栄西が、虚菴懐敞から禅を受け入れることになったのは、台密の教えが禅と齟齬するものではないと確認できたからであり、それまでの信仰を捨てて禅を学べということであれば、あるいは禅を受け入れることもなかったかもしれない。さらにそれを後押ししたのは、台密の大成者である安然が、第一真言宗・第二仏心宗（禅宗）・第三法華宗と位置づけていることを、自ら確認できたことであろう。結局のところ栄西は、虚菴から臨済禅を受けて帰国し、表面的には禅宗を標榜したものの、生涯密教を捨てることなく、むしろ密教研鑽の基盤の上に禅を受容した結果、独自の「密禅併修」という宗風を形成したのである。このような密教色の濃い禅風という特徴は、栄西の弟子釈円房栄朝（?～一二四七）を通じて東福寺の円爾（一二〇二～一二八〇）に、また退耕行勇（一一六三～一二四一）を通じて由良興国寺（和歌山県）の心地房無本覚心（一二〇七～一二九八）に継承されていくのである（拙著『日本禅宗の伝説と歴史』二〇〇五年）。

3　栄西撰とされる『真禅融心義』

真偽問題

古来から栄西の撰述とされている『真禅融心義』という史料があるが、同書はその識語によって偽撰説を抱える問題の多い史料ではある。識語とは、写本（筆写本）や刊本（木版本）などの末尾に記されている、その書籍の由来や刊行の時期などを示すもので、刊行に関する情報を刊記、後人が追加した情報を識語といい、写本の場合は末尾に書かれている情報をまとめて奥書《おくがき》という。史料の信憑性や価値を検討する際の重要な書誌情報であり、現在の出版物でも末尾に付されている奥付と同じようなものである。また弟子や門流の人など、明らかに後人の作でありながら、開祖・宗祖など著名な人物の撰述として伝えられているものを仮託《かたく》と表現する。もちろん厳密な意味では偽撰ではあるが、仏教の歴史においては相当数の仮託された撰述が存在する。ただ、仮りに偽撰であるとしても栄西に仮託される以上は、多少なりとも栄西自身の思想を反映していると考えることも可能なのではないかと思われる。そこで、書誌的な点検を踏まえながら、簡単に内容を整理し、『真禅融心義』の所説が栄西の禅思想と通じるものであるかどうかを考えてみたい。

『真禅融心義』偽撰説の有力な根拠は、巻末の識語の弘長三年（一二六三）の年記である。この年は、栄西が示寂した建保三年（一二一五）の四十八年後であり、単純に考えれば栄西の撰述ではあり得ない。研究者の間でも、栄西の弟子もしくは門流の人によると解釈する意見や、内容的に見て栄西の撰述であるとする意見があり、確定的な見解は出ていない。識語の年記が栄西の示寂後であるという事実は動かせないとはいうものの、この時期は栄西の弟子である退耕行勇（一一六三～一二四一）や釈円房栄朝（?～一二四七）の活動期であり、これ以後に門流というべき心地房無本覚心（一二〇七～一二九八）の法燈派や、東福寺円爾（一二〇二～一二八〇）の聖一派が展開することを踏まえれば、密教と禅との融合を説く撰述が、栄西に仮託してまとめられるということは、大いに考えられることである。

『天台霞標《かひょう》』三之四（『大日本仏教全書』一二五）には『真禅融心義序』が収められているが、全文は活字化されていない。刊本としては、安政三年（一八五六）比叡山日増院円竜によるものが、駒澤大学図書館に所蔵されている。巻首に「菩薩比丘栄西述」と明記され、円竜自身の刊記にも「葉上和尚の所述なり」と記されている。しかしこの刊本は脱落などの誤りが多く、その底本となった写本は、かなり誤りの多いものであったと思われる。『仏書解説大辞典』に紹介されている大谷大学図書館所蔵の写本は、奥書を確認したところ、明治四十年（一九〇七）五月、高台寺（京都市・臨済宗建仁寺派）所蔵本より転写されたものであるが、高台寺所蔵本の行方は不明である。写本としては新しいが、刊本に較べて誤写（写し間違い）が少なく、比較的善本といえる。ただ、引用文がもとの文と異なっていたり、頭註によって訂正されているものの、書名を誤っている点、さらに大谷本には、どこにも撰者の名が記されていないことが注目される。古田紹欽氏（元松が岡文庫長）所蔵の写本は、元和八年（一六二二）の奥書を有する天海僧正の所持本で、武州「新築教寺」で書写したと記されており、本文は大谷本にほぼ等しいものの、多少の異同がある。渋谷亮泰編『昭和現存天台書籍綜合目録』には西教寺（滋賀県大津市・天台真盛宗）正教蔵所蔵の写本が記録されているが、残念ながら正教蔵本は上巻が散逸しており、下巻のみで一冊の体裁をとっている。奥書によれば、延徳四年（一四九二）四月八日明王院舜応法印の所持していたものを、摂州六甲山鷲林寺（兵庫県西宮市・高野山真言宗）で書写したとなっている。鷲林寺は、天正七年（一五七九）織田信長の放火により焼失しているが、その後再建され現存している。本文は古田本にほぼ等しい。撰者栄西と記されており、一応本文と同筆と思われるが、あるいは後の加筆かもしれない。花園大学図書館今津文庫には、慶安二年（一六四九）の写本が所蔵されているが、内容的には西教寺正教蔵本の転写本と思われる。現在までに確認した写本は右の四本であるが、今のところ真偽撰問題の決め手は見出せず、問題の識語はどの写本にも例外なく付されている。諸本の伝写系統の検討、内容構成ないし引用経論の他書との比較など、考察の余地はけっして少なくないが、弘長三年の識語が存在する以上、残念ながら『真禅融心義』を栄西の真撰と断定することはできない。

『真禅融心義』の所説

そこで、偽撰説についてはいったん措き、『真禅融心義』内容を概観してみると、その冒頭に、

顕教の究極は、禅宗の教外実際法門に如かず、密教深奥は、無相の灌頂実行成仏に過ぐるなし。

（以下、引用はすべて駒澤大学図書館本から）

〔現代語訳〕顕教の教えは、所詮禅宗で説く経文に頼らない実践的な教えに及ばない。密教の奥深い教えは、目に見える形に捕らわれない、灌頂によってのみ伝えられる成仏そのものである。

と述べ、また、

よって、密教は有相無相に付して、すなわち四種の門を分別し、禅教は教内教外によりて、また四門の義を分別し、録して上下二巻を造り、ついに真禅の一味なることを書するのみ。

〔現代語訳〕そこで、密教を有相と無相という点から四種に分類し、禅や顕教を経典に基づくか否

かでやはり四種に分類して、上下二巻の書物にまとめ、真言密教と禅の教えが一つのものであることを明かそう。

と、撰述の意図を明らかに示している。以下、上巻で密教を有相有相・有相無相・無相有相・無相無相の四門に分別し、密教の奥旨は無相無相門であると説く。この無相無相門は『大日経疏』に説かれる最上最高の教えであり、等覚十地（五十二段階の菩薩のランクの最上位）に登った菩薩も会得しがたい法門であると述べ、有相を浅義、無相を深義とするが、これは一往の義であり、各々が密教における金剛界・胎蔵界の両部の大事で、ともに真言の奥深い教えであるから不二であると説いている。また下巻においては、禅宗を密教に準じて、仏事仏事・仏事実際・実際仏事・実際実際の四門に分け、その教えは教外別伝（経典の所説を超えた教え）・実際理地（理論にとどまらない実践的な教え）であり、煩悩も菩提も、生死も涅槃も、衆生も諸仏も、いわゆる二元的に対立した教えではないと説き、やはり仏事・実際の二門も不二であると述べている。

最後に真禅の一味なることに論及し、

それ密宗の極理と禅宗極理は、大いに以て通用の義あり。所以はいかん。密宗実行門の中、有相の三密を談ぜずと雖も、しかも三密の義理を忘るることなし。禅宗実際門の中、仏事の一塵を受けずと雖も、しかも一心の法門を捨つることなし。

〔現代語訳〕密教の教えと禅宗の教えとは、その究極において通じるものである。何故かというと、密教の究極は身・口・意の三密、つまり形に捕らわれた教えを超越しているといっても、三密を無視している訳ではない。禅宗の教えにしても、教外別伝とはいうものの具体的な教えを捨て去る訳ではない。

と述べているのである。論述はさらに、顕密の比較、禅宗と法相・三論・天台・華厳などの諸宗との比較に及び、密教は事理倶密の即身成仏・無相三密の実行門を以て顕教に勝り、禅宗は不立文字・見性成仏・教外別伝の実際門を以て諸宗を超過すると論じ、重ねて法を説く主体である教主と説かれる教えにかけて説いている。すなわち顕教と密教とでは、教えを説く教主、説かれる教えのいずれにおいても勝劣浅深があり、禅宗と諸教の教主には勝劣はないが、説かれる教えに浅深があると述べ、密教が顕教に勝るという表現の延長線上に、密教が禅宗に勝ることを示唆していると思われる。つまり『真禅融心義』は真禅の一味を説くとしながらも、最後に至って示した教相判釈、つまり教えのランク付けとしては、第一真言密教・第二禅宗・第三禅宗を除く顕教、というものであったということになる。

以上の如く、『真禅融心義』の概要を眺めたが、この内容を以て栄西の「密禅併修」に通じる内容と見る場合、大きな問題となるのは、他の撰述、とりわけ『興禅護国論』の所説とどう関連するのか、ということである。

『興禅護国論』との関係

『興禅護国論』は、叡山からの論難に答えるという撰述の事情もあり、禅を天台教学と切り離すことなく、しかもその優位なることを説いているが、前にも述べたように「大綱勧参門第七」で栄西はその仏教観を示し、約教分・約禅分・約総相分の三を立てている（『栄西禅師集』一九九〜二〇〇頁）。第一約教分は諸教諸宗（経典に基づいた教学的な教え）であり、機根の劣った人が禅の奥深い教えを学し、修行するための方便であるとし、第二約禅分は、文字にこだわらず、知識分別に束縛されない禅であり、最上利根の人のために説かれるとしている。さらに第三約総相分は、諸教とか禅とか、菩提とか涅槃などの、文字表現を越えたところのものであると述べている。つまり禅は諸教に勝るが、その教禅を超越した段階に約総相分というものを設定しているわけである。

　また「宗派血脈門第五」で、第一回入宋からの帰国後、叡山の禅の伝統に触れたあとで「畜念罷まず、二十年を経たり」（『栄西禅師集』一七八頁）と述べているが、その畜念罷まざる二十年間とは、生涯で最も熱心に密教を研鑽した時期であり、その間の撰述もすべて台密関係のものである。栄西が『教時義勘文』を著す等、台密の大成者である五大院安然に格別の敬意を寄せていたことも考え併せると、叡山に禅の伝統があったことに驚く以上に、安然が『教時諍論』に述べている九宗の教判、即ち第一真言宗・第二仏心宗（禅宗）・第三法華宗という判釈によって、出家以来研鑽を続けた密教への信仰に、より大きな力づけを得たと理解すべきではないかと思われる。「世人決疑門第三」においては、「いかに況んや禅宗は諸教極理、仏法総府なるをや（禅の教えはさまざまな教えの究極であり、仏法そのものの肝心である）」（『栄西禅師集』九七頁）という表現を用いるが、これと『真禅融心義』の「顕教の究極は、禅宗教外実際法門に如かず（顕教の教えは、所詮禅宗で説く経文に頼らない実践的な教えに及ばない）」という記述を較べる時、『興禅護国論』が天台教学に基づきながら禅宗の優位なることを説く背景に、さらに密教の裏付けがあると考えることも可能ではないかと思われる。

以上のように、決定的な根拠とするには不十分であるが、『真禅融心義』の第一密教・第二禅宗・第三顕教という教判が、『興禅護国論』の所説にも現われていると見ることが可能であるといえる。ただ、その撰述の現実的目的によって、密教は表に出ることなく、禅宗が顕教に対して優位であることだけを取り出し、天台教学で用いる典籍を主たる典拠として説いたと考えられる。結局のところ栄西は、虚菴懐敞から臨済禅を受けて帰国し、表面的には禅宗を標榜したものの、生涯密教を捨てることなく、むしろ密教研鑽の基盤の上に禅を受容した結果、独自の「密禅併修」という宗風を形成したのである。その密禅併修の思想は、『真禅融心義』の中で、密教と禅に優劣がないとはいわず、故意か偶然かは別として、究極には密教が禅に勝るという考えを漏らしている点にこそ、よく現われているといえるのではないだろうか。

栄西の立場と評価

金沢文庫に所蔵される、文永十年（一二七三）高野山金剛三昧院において書写された『悲想伝授抄』という史料には、栄西の禅に関する記述が見られる。「顕教は慮知心の極を以て真如と為す（顕教は知識による理解の究極を真理とする）」こと述べた後、註記して、大日房云く、達磨宗は顕密二宗を超ゆ。是れ心宗なり云々。葉上房僧正栄西云く、真言三密中の意密なり。両義会合す云々。

（『金沢文庫古文書』識語篇二〇二四）

〔現代語訳〕大日房能忍がいう「（私が説く）達磨宗は顕教・密教の教えを超越するもので、これは仏心を直接に説く教えである」と。葉上房栄西がいう「（禅宗は）真言密教の身・口・意の三密でいうと意密である。二つの教えは同一のものである」と。

と記されている。この註記を機械的に『真禅融心義』の所説にあてはめると、意密は無相門に配され、禅宗実際門は密教無相門に等しいということになる。それほど単純で短絡的な理解はできないにしても、栄西自身のことばに拠るとして、身・口・意の三密中の意密と栄西の禅を相応させていること、しかも大日房能忍に関する記事と併記していることなどはきわめて興味深く、注目に値する史料であると思われる。

ともあれ栄西が、密教を思想的基盤として、禅を天台教学と切り離すことなく説いたことが明らかとなったが、栄西の思想においてもう一つ重要な点は、戒律の重視ということである。『興禅護国論』「令法久住門」では、「扶律の禅法に依り、法をして久住せしむるの義を明かす（戒律を守ることを前提とする禅の教えにより、仏法を永く伝えることを明かす）」（『栄西禅師集』三八頁）と述べ、「この宗は戒を以て初と為し、禅を以て究と為す（禅宗の教えは戒律護持を前提として、坐禅を以て究極とする）」など、戒律の重視を示す表現を数多く用いている。また『出家大綱』『斎戒勧進文』を撰述して、戒律の護持が仏法の命根であることを説いている。この戒律重視と、先に述べた密教を基盤とし天台教学を切り離すことのない禅の標榜を考え併せる時、つまるところ栄西は、最澄が唱えた円・戒・禅・密の四宗相承という仏法を護持しようとしている、ということがいえるのである。そのことは『興禅護国論』（世人決疑門第三）に、「栄西、この宗の絶えたるを慨き、しばらく後の五百歳の誡説を憑んで、廃を興し絶を継がんとするなり（私〔栄西〕は禅の教えが忘れられていることを残念に思い、後の五百年〔末法の世〕のために説かれた教えを根拠として、廃れた教えを再興し、絶えようとする教えを受け継ごうとするのである）」（『栄西禅師集』六七～六八頁）と述べ、また「大国説話門第九」にも「これによって、地勢を思い末世を慮り、稚子を憐れみ祖道を懐いて、その廃亡を興さんとす（だから天竺から遠く離れた地であること、末法の世であることを思い、子どもを思いやるように、祖師たちが説かれた教えに思いを馳せ、廃れていきそうな教えを再興しようと思う）」（『大正蔵経』八十・一六・下）と述べていることからも窺える。つまり、禅はもともと最澄が唱えた四宗相承という日本天台宗の教えの中にあり、それは円珍・安然といった台密大成者にも受け継がれてきたが、平安末期に至って廃絶していたのであり、栄西はそれを再興したいと主張している。元久元年（一二〇四）に著した『日本仏法中興願文』にも、「小比丘の大願は、ただこれ中興の情なり（私の心からの願いは、ただ〔伝教大師最澄の教えを〕中興したいということである）」（『栄西集』五八二頁）と述べていることからも、それは明らかである。

ところが、栄西門流ともいえる円爾の弟子無住道暁（一二二七～一三一二）は、さまざまな説話や伝承、自らの見聞についてコメントした『沙石集』で、栄西を評して次のように述べている。

鎮西の聖福寺、洛陽の建仁寺、関東寿福寺、彼の創草の禅院の始めなり。然れども、国の風儀にそむかずして、戒門・天台・真言なんどかねて、一向の唐様を行ぜられず。時を待つ故にや。深き心あるべし。

（『日本古典文学大系』八十五、四五三頁）

〔現代語訳〕鎮西（九州）の聖福寺、洛陽（京）の建仁寺、関東（鎌倉）の寿福寺は、栄西が建立した、禅宗寺院の最初である。しかしながら日本の伝統的なあり方に背くことができず、戒律・天台・真言を学ぶ寺院とした。時機の到来を待ったからであろう。そこに深い配慮があったのである。

栄西が建仁寺に止観院と真言院を併設していたのは、叡山からの非難を避けるためであり、ほんとうは唐様、つまり純中国式の禅院にしたかったのだという理解を示している。しかし、右に見てきたような栄西の、「密禅併修」という独自の禅風を前提とするならば、一向に唐様を行じなかったのは、時機を待っていたというよりは、禅院に戒門・天台・真言を兼ねていることの方に深き心、すなわち伝統的叡山教学の復興という意図があったと理解すべきであろう。無論、最澄は『法華経』に説かれる円教を四宗の中心とし、栄西は禅を表としながら、あくまで密教を中心とするという点で、両者の思想にある程度の隔りが存することはいうまでもない。

純然たる台密の徒であったといえる栄西が、独自の「密禅併修」を思想の中枢として、円・戒・禅・密の四宗に立脚する禅を宣揚するに至ったことは、天台山万年寺における虚菴懐敞との出会いを抜きにして論ずることは不可能である。また厳正な戒律観も、叡山における破戒僧の横行に起因するとしても、宋朝の禅林に身を置き、その厳しい持戒持律の生活を知らなければ生まれ得なかったであろう。しかし、二度目の入宋の第一目的が入竺することであり、却下されたものの実際に入竺の為の手続きまでしている栄西が、虚菴に巡り会ったということは、全くの偶然といっても過言ではない。天台山へ向ったということも、入竺を断念して帰国の途に就いたところが、たまたま暴風に吹き戻されたために、途方にくれて前回の訪問地に足を向けた、といったところが実情であったかもしれない。そんな栄西が宋朝禅を受容するためには、『菩提心論口決』の奥書や『元亨釈書』の記述から推察できるように、密教をまったく無視して禅の受法が行なわれたのではなく、虚菴懐敞が栄西の台密をそのまま認めてやることによって、栄西もほとんど抵抗なく禅を受け容れることができたのだと思われる。そして宋朝禅の受容を通じて、四宗相承という本来の叡山教学の復興を目指し、形としては台密の色彩を濃厚に残しながらも、新しい方法論としての宋朝禅を前面に掲げたのであろう。そのことが、『興禅護国論』であえて「別立一宗（天台宗とは別に一宗派を立てる）」（『栄西禅師集』九七頁）といい、また『興禅護国論』の末尾に付された『未来記』でも、未来を追思するに、禅宗空しく墜ちじ。予、世を去るの後五十年、この宗最も興るべし。すなわち栄西みずから記す。

（『栄西禅師集』二八八頁）

〔現代語訳〕禅宗という教えの未来を考えれば、むなしく廃れてしまうことはないであろう。私（栄西）がこの世を去ってから五〇年後、禅宗は最も盛んになるに違いない。（だから）栄西が自ら記した。

と、自らの示寂後五十年の、禅宗ないし臨済宗の興隆を予言した理由であると思われる。栄西の仏教は、ある意味で復古思想に基づくといえる。したがって、法の上で彼の孫弟子ともいえる道元の思想とも、あるいはまた、鎌倉期に南宋より渡来した蘭渓道隆や無学祖元などの中国人禅僧の思想とも、当然のことながら一線を画して考えるべきである。しかし、その「仏法の総府」としての禅の選択が、道元が自らが伝えた教えを「正伝の仏法（釈尊以来正しく伝えられた仏法）」とする立場を啓発したことは確かであり、そうであればこそ、栄西が鎌倉期の仏教革進運動の先駆として評価されるのである。

第四章　大日房能忍の達磨宗

1　栄西のライバル

浄土の法然と禅の大日

今日、いわゆる日本禅宗の初祖として確固たる評価を獲得している栄西は、もともと叡山で学んだ台密（天台密教）の学徒であり、しかも台密葉上流の開祖であって、いわば天台宗の僧としてそれなりの地位を確立していた。従来は、禅僧としての栄西と台密の修法を行じる栄西が二重人格的に理解され、ある意味では叡山からの攻撃を回避するために、兼修的にならざるを得なかったという評価をされてきたが、最近の栄西研究は、その兼修的宗風を積極的なものと捉える傾向にあり、建仁寺に真言院・止観院を設置したのも、必ずしも叡山に対するカモフラージュではないという見解が出されている。いわば、鎌倉期の仏教革新運動の先駆として評価される栄西は、若年から研鑽した台密教学の範疇で禅を理解し、結果としては、必然的に「密禅併修」という禅風になったのである。

以上のような点については前章で確認したが、そうした傾向は栄西一人に限ったことではなく、叡山仏教全体の中で禅宗に対する関心が高まっており、それが覚阿の入宋と禅宗受法につながったことは、前に述べたとおりである。ともあれ、栄西が「日本禅宗初祖」の称号を冠される一方、その陰に隠れて正当な評価を得ることが少なく、ややもすると忘れられがちな存在が、大日房能忍（生没年不詳）である。能忍は摂津水田（大阪市東淀川区）の三宝寺（現廃寺）を拠点とし、栄西と同時期に活躍したが、『百錬抄』の建久五年（一一九四）七月五日条によれば、栄西とともに禅宗の弘法を停止されている（『国史大系』第十一巻、一二五頁）。また栄西からもほとんどで名指しで批判されるなど、四面楚歌の感さえある。しかし一方では、日蓮（一二二二～一二八二）が『開目抄』（『昭和定本日蓮上人遺文』第一巻六〇七頁）で「建仁年中ニ法然・大日ノ二人出来シテ、念仏・禅宗ヲ興行ス（建仁年間に法然・大日（大日坊能忍）という二人が、しきりに念仏や禅宗を弘めていた）」と述べ、浄土門の代表法然と並べて、大日坊能忍を禅門の代表として挙げ、批判の対象としている。その意味でも栄西ではなく能忍を挙げたことは、時代的に近い日蓮のことばであることから見ても非常に興味深い。今日の歴史の教科書などでは、能忍の名を見ることは皆無といってよいが、当時禅宗を唱えていた人物として、むしろ栄西よりも著名な存在であった可能性も考えられる。

大日房能忍の伝記

大日房能忍の行実については、考察の材料に乏しく詳しいことはほとんど不明である。江戸時代の卍元師蛮（一六二六～一七一〇）が著した『本朝高僧伝』巻十九（『大日本仏教全書』一〇二）に「摂津水田《すいた》三宝寺能忍伝」があるが、それ以前には、独立してまとまった能忍の伝記は見当たらない。能忍の伝記の中で注目されるのは、『本朝高僧伝』第十九巻「能忍伝」の、

釈能忍、大日と号す、平家の士将景清の叔父なり、（中略）一夜、景清訪ね来り、忍、その邂逅を喜んで相い逢う。弟子をして酒を杏家《きょうけ》に需《もと》めしむるに、景清、事を官府に告げられんことを疑い、すなわち剣を擐《つらぬ》きて刺殺して去る。

（『大日本仏教全書』一〇二、二七三頁）

〔現代語訳〕能忍は大日坊と号し、平景清の叔父である（中略）ある夜、景清が訪ねてきて、能忍は久しぶりであることを喜んで会った。（景清に酒を振る舞うために）弟子を酒屋の行かせたところ、景清は密告されると勘違いし、剣をとって（能忍を）刺し殺して去ってしまった。

という記事である。つまり能忍は甥の平景清（藤原景清）に殺されたことになっているのである。景清は平家の猛将として知られ、さまざまな伝説・伝承に登場するが、壇ノ浦の合戦後に源氏の追及を受け、建久六年（一一九五）に捕らえられ、翌年に絶食して死んだとも伝えられている。『本朝高僧伝』の記事が史実であるならば、能忍の示寂は建久五〜六年ということになる。『百錬抄』に拠れば、建久五年七月五日には達磨宗弘法停止の宣下を蒙っているから、失意の中で思いがけない最後を迎え

たことになる。『本朝高僧伝』のこの記事がどのような史料に基づいたかは不明である。『吾妻鏡』などでは、景清は侍大将の一人として扱われる程度であるが、『平家物語』に見えるいくつかの落ち武者伝説が仮託されて、能・謡曲・歌舞伎・幸若舞・浄瑠璃などにも取り上げられ、こうした作品を特に「景清物《かげきよもの》」と総称する。このような点を踏まえて原田正俊氏は、景清の能忍殺害についても、摂津国の一部で語り伝えられた涙池（景清が血のついた剣を泣きながら洗ったという）などの伝説が、近世初頭の名所記などに紹介されたのであり、疑問視せざるを得ないとされている（「達磨宗と摂津国三宝寺」『日本中世の禅宗と社会』吉川弘文館）。

一方で、平清盛の長男重盛が、阿育王山の拙庵徳光に金三千両を寄進したという話が『平家物語』巻第三「金渡《かねわたし》」（講談社学術文庫）にあり、その礼状として拙庵から授かった「金渡しの墨跡」と呼ばれる一軸（承天閣美術館所蔵、重要文化財）がある。もっとも、内容的には礼状ではなく、正瑛という僧に与えた法語のようなものと思われる。しかしながら、あくまで推測に過ぎないが、日宋貿易に熱心であった平家の中で、宋朝の禅宗に対する関心が高まっていたとすれば、能忍が平家の関係者である可能性についても、あらためて検討の余地があるかもしれない。

虎関師錬の『元亨釈書』栄西伝では、以下のように能忍に触れている。

初め己酉《つちのとり》の歳、能忍なる者あり。宋国に宗門の盛んなるを聞いて、その徒を遣わして、船に附して育王の仏照（徳）光禅師に扣問《こうもん》せしむ。照、異域の信種を憐れんで、慰誘することははなはだ切なり。寄するに法衣および賛達磨像を以てす。忍、光の慰寄に誇《ほこ》ってみだりに禅宗を唱う。すでに師承に乏しく、また戒検無し。都下これを鄙《いや》しむ。西の心宗を演《の》ぶるにおよんで、搢紳《しんしん》士庶《ししょ》、忍と混じえて擯《しりぞ》けんとす。

（訓読『元亨釈書』三〇頁）

〔現代語訳〕己酉の歳（一一八九年）能忍というものがいた。宋国で禅宗が盛んであることを聞き、弟子を阿育王山の仏照徳光禅師のもとに遣わし、自らの見解を示させた。仏照は異国からわざわざ尋ねてきたことを憐れんでたいへん親切に対応し、（能忍の見解、つまり悟りを認めた証として）法衣（師の大慧宗杲の袈裟）と自ら賛文（掛け軸の図像の上に書かれた文）を書いた達磨像を与えてくれた。能忍は徳光の好意をよいことに、勝手に禅宗を唱えた。面授嗣法（直接対面して法を受け継ぐ）していないし、また戒律も正しく理解していない。都の人々の尊敬は得られなかった。栄西が禅宗を広めようとしたとき、人々は能忍と混同して排斥しようとした。

決して好意的な表現ではないものであり、この釈書の記事が後世の能忍観に大きな影響を与えたといえる。文治五年（一一八九）に、宋阿育王山仏照禅師拙庵徳光《せったんとっこう》（一一二一〜一二〇三）のもとに遣わした弟子に、拙庵が「法衣および賛達磨像」を与えたのは、「異域の信種を憐れんで慰誘」したからに過ぎないとし、さらに栄西と能忍が直接対決したとして、「西また忍と宗義を抗弁して往反数番す。

忍、口を杜《と》じて退く（栄西は能忍と禅宗の教えについて問答したが、能忍は口を閉じて退いてしまった）」（同書、一五七頁）と述べ、栄西が能忍を論破したことによって、それ以後は栄西の禅宗が盛んとなったとしている。師錬の能忍に対する批判は、「師承に乏しい」こと、「戒検が無い」ことの二つで、そのために能忍は卑《いや》しまれ、栄西が能忍と共に達磨宗停止の宣下を蒙ったのは、いわば巻き添えになったのである、と述べている。この師錬の評価に対し、卍元師蛮は『本朝高僧伝』巻十九「能忍伝」において、「元亨釈書に済北師（師錬）、言を栄西に托してこれを謗《そし》るは、恐くは偏頗に渉る（『元亨釈書』を著した虎関師錬が、栄西の言として能忍を批判しているのは、偏った意見である）」（『大日本仏教全書』一〇二、二七五頁）と、師錬の批判は多分に偏ったものであるとし、嵯峨天皇の頃に来朝した唐僧義空以後、およそ四百年にわたって途絶えていた禅法を復興した能忍の業績は、高く評価されるべきであるとしている。

達磨宗の展開

日本禅宗に関する書籍の中には、能忍とその門流を「日本達磨宗」と呼んでいるものが少なくない。この呼称は、「原始僧団と日本達磨宗との関係」（『道元禅師伝の研究』筑摩書房所収）の中で、元駒澤大学総長大久保道舟《どうしゅう》氏が初めて用いられたものである。後述するように、能忍が栄西から批判されたことで、達磨宗はあまり振るわず、京の東山から大和多武峰《とうのみね》（奈良県桜井市）へ、さらに越前波著寺《はじゃくじ》（高野山真言宗・もと福井市、現在は金沢市に移転）へと下向した宗徒が、帰国後に建仁寺を出た道元が開いた興聖寺（京都市、現在は宇治市に移転）に集団帰投し、結果的に曹洞宗に吸収されてしまった、いわば幻の教団とするのが従来からの達磨宗理解であった。そして、まさしくこれが大久保氏の研究成果といえるものである。

一般的に禅宗を指して「達磨宗」と呼ぶ例は多い。能忍の場合も『百錬抄』では「達磨宗」と呼ばれているが、大久保氏はこれを当時の能忍を知る人か、あるいは後世の人が用いた呼称であって、能忍自身が「達磨宗」と称したのではないとされ、一般的な意味との混同を避けるために、特に「日本達磨宗」と呼ばれたのである。しかし史料の上で「日本達磨宗」という呼称は一度も用いられていず、むしろ前に紹介したように、金沢文庫所蔵『悲想伝授抄』には能忍自身の言葉として「達磨宗」とあり、さらに達磨宗の所説を伝える貴重な史料である『成等正覚論』では、「それこの宗は、達磨大師所伝の法なるが故に達磨宗と名づくなり」（金沢文庫資料全書禅籍編、二〇一頁）とあって、能忍自身か、少なくともその門流においては「達磨宗」と自称していたと見るべきではないかと思われる。また能忍の孫弟子であり、永平寺三世である徹通義介が、曹洞宗大本山総持寺の開山である瑩山紹瑾（一二六四～一三二五）に与えた「嗣書助証」には、

八宗の講者たりといえども、進んで以て達磨正宗初祖として宣下《せんげ》を蒙り、それより日本国裏、初めて達磨宗を仰ぐ。

〔現代語訳〕八宗（南都六宗と天台・真言の八宗、伝統的な仏教）に通じているが、新たな教えである達磨宗の初祖として朝廷に認められたため、日本中に達磨宗が広まった。

（『続曹洞宗全書』室中・四三七頁）

とあり、法然の弟子弁阿弁長の伝記『聖光上人伝』にも「これにおいて禅師、院奏を経て（上皇あるいは法皇に許可を申請して）、達磨宗を弘む」（『続群書類従』九－上、三二頁）とあることから見れば、建久五年（一一九四）に栄西と共に停止される以前に、一旦は弘法を認める宣下があったものとも考えられる。しかも、前に見た『本朝高僧伝』にある卍元師蛮の表現からも、一般的な形で叡山教学の中に埋没していた禅宗が能忍によって掘り起こされ、「達磨宗」という宗名のもとに市民権を得たともいえるのではないだろうか。以上のような史料の表現に基づいて、本書では一貫して「達磨宗」という呼称を用いる。

建久五年に弘法活動を停止されているものの、瑩山の「嗣書助証」や『聖光上人伝』に拠れば、一旦は「達磨正宗初祖として宣下を蒙」り、「院奏を経て達磨宗を弘」めたとある。後に紹介する史料に、能忍が拙庵徳光のもとに派遣した二名の弟子、練中・勝弁が帰国したのが文治五年（一一八九）八月十五日となっているので、それ以後の活動期間は建久五年（一一九四）七月五日までと見るべきであろう。宝地房証真が文治四年に著した『天台真言二宗同異章』において、「今時多く達磨宗を好む」（『大正蔵経』七十四・四二一・上）と述べているが、承元年間に入宋帰国した覚阿も含めるにしても、時期的にはやはり能忍を意識してのことばと考えられる。つまり能忍の活動は、公認されていたかどうかは別として、文治五年以前、既にかなり盛んになっていたと見得る。したがって、ごく大雑把にいえば、能忍の達磨宗初祖としての活動は、文治年間の初め頃（一一八五頃）から、建久五年（一一九四）頃までの十年間程度ということになる。

2　達磨宗の禅風

拙庵徳光からの代受　能忍に対する評価が別れることの最も大きな原因は、やはり自らが入宋せず、二人の弟子を派遣したことであろう。この時に拙庵徳光から、達磨像および拙庵自身の頂相を付与されたが、その賛文からも前後の事情を窺うことができる。達磨像は現存（個人蔵）しており、展覧会などに展示されることもあるが、残念ながら頂相は、賛文のみが伝えられているものの行方不明である。達磨像の賛文の署名には、

日本国の忍法師、遠く小師練中・勝弁を遣わし来り、達磨祖師の遺像を求む
大宋国明州の阿育王山に住する法孫　徳光　稽首《けいしゅ》し敬いて讃す
己酉　淳熙《じゅんき》十六年六月初三日　書す（印）

とあり、頂相の自賛にも

日本国の忍法師、遠く小師練中・勝弁遣わして、山に到り道を問う、予が幻質を絵いて讃を求む
大宋国の淳熙十六年六月三日　明州阿育王山に住する拙庵徳光　題す（印）

とあって、能忍が遣した弟子練中・勝弁にこの二軸が授けられたのが、宋の淳熙十六年（一一八九）六月三日であることがわかる。神奈川県立金沢文庫に所蔵される『成等正覚論』は、石井修道氏の詳細な検討（『道元禅の成立史的研究』六二五頁）によって達磨宗に関係する撰述であることが確認されているが、同書に、

日本国には上宮太子（聖徳太子）世に出て法を崇《うやま》いて後、六百十八年、大宋淳熙十六年己酉、皇朝の文治五年の八月十五日に初て此の法渡れり。

（『金沢文庫資料全書』禅籍篇、二〇二頁）

とあるように、二軸を受領した後まもなく練中・勝弁は帰途に就いたものと思われ、同年の八月十五日に帰国している。文治五年に二弟子を遣わしたことについては、『聖光上人伝』にも、

昔、大日禅師なる者あり。好んで理論を索《もと》め、妙なること祖意に契《かな》う。ついに文治五年夏、使を宋国に遣わして、法を仏照に請す。育王の長老なり。仏照、印可して祖号を賜う。ここに禅師、院奏

を経て達磨宗を弘む。

（『続群書類従』九－上、三三二頁）

とある。拙庵が印可した、言い換えれば能忍の悟りを認めたとあるように、少なくとも能忍が弟子に見解を託したことを知る人は、印可を「代受」したという印象を抱いていたのであろう。ただ、独学とはいえ達磨宗を自称するほどの能忍であれば、禅宗における面授嗣法の重要性を知らないはずなく、拙庵に対して印可の代受を依頼するとは考えにくく、よほどの事情があったとしか思えない。そう考えたとき、達磨画像の中に「達磨祖師の遺像を求む」とあることから見て、あるいは「達磨祖師の遺像を求」めること自体が目的であった可能性もあるのではないかと考えられる。それは、自らを達磨宗と称するための本尊として、中国伝来の画像こそがふさわしいといえるからである。ただし、これはあくまで根拠に乏しい想像に過ぎない。

能忍が自ら入宋しなかった理由については、年齢的に渡海が困難だったとか、三宝寺における指導者としての立場がそれを阻んだとする説もあるが、能忍自身における主体的な理由は不明である。師と弟子が直接対面して教えを授受する「面授嗣法」を、禅宗の最も重要な手続きとする立場から見る限り、師錬の師承に乏しいという批判は、ある意味で不当なものではないのかもしれないが、能忍もしくは達磨宗を指して批判したもので、嗣承を欠くという点を指摘しているのは『元亨釈書』だけである。たとえば後に、会下に多数の達磨宗徒を抱えることになった道元の場合、彼らに対する批判が

『正法眼蔵聞書抄』(『永平正法眼蔵蒐書大成』十一、三一一、六一五、六六九頁)に見られるが、内容的には達磨宗の所説を否定したものであって、印可を代受せしめたことについては触れていない。同様に『聖光上人伝』では能忍が質問に答えられなかったとし、日蓮の『開目抄』などにも能忍に対する非難はあるものの、印可代受を指して非難してはいない。『興禅護国論』「第三の余」(『栄西禅師集』一四六頁)において、強い調子で能忍を批判している栄西でさえ、嗣承を欠くという表現は用いていない。師錬の批判はそれなりの目的があってのこととしても、能忍が入宋せず、弟子を派遣した意味や目的などについては、別途に慎重な検討が必要であろう。

能忍の禅宗理解

能忍の禅風といったものが、どのようなものであったかについて、断片的ではあるが窺うことができる。前章でも紹介した金沢文庫所蔵『悲想伝授抄』には、「大日房云く、達磨宗は顕密二宗を超ゆ。是れ心宗なり云々。葉上房僧正栄西云く、真言三密中の意密なり。両義会合す云々」(『金沢文庫古文書』識語篇、二〇二四)と、能忍と栄西の禅風について各々のことばを引用する形で述べている。能忍自ら、達磨宗を「心宗」であるといっていることが注目されるが、真言三密中の意密であるとする栄西と、能忍のいう「心宗」は会合するとしていることから、いずれをも教学の範囲内で捉えていると思われる。禅宗を心宗とする表現は、日本天台教学の中でも、すでに五大院安然が『教時諍論』に「仏心宗」の語を用いており、栄西自身、禅への傾倒の段階で『教時諍論』を閲覧している。

前に紹介した、達磨宗に関係する史料である『成等正覚論』は、全体を三段に分けて、第一に達磨の略伝、第二に「自心即仏」、第三に「所求即成」を説いている（金沢文庫資料全書禅籍篇、二〇一頁）が、ここでも「心宗」という表現を用いている。石井修道氏は、第二段の「自心即仏」が内容的に『宗鏡録《すぎょうろく》』の主張と一致すること、また第三段のかなりの部分が『宗鏡録』からの引用であることを指摘されているが、これらの指摘は能忍の禅を理解する上できわめて重要である。北宋建隆二年（九六一）永明延寿《えいめいえんじゅ》が撰述した『宗鏡録』は、教禅一致（教学的仏教と禅宗の教えが異ならないこと）を説くことで知られており、寛治八年（一〇九四）永超の『東域伝燈目録』に挙げられていることからわかるように、日本へも比較的早く伝来していたようである。平安末期から鎌倉初期にかけての叡山において、禅に対する関心が非常に高まったことは前に述べたが、いわばそのテキストとなったのが『宗鏡録』であったと思われる。能忍が『宗鏡録』を重視したであろうことは、『聖光上人伝』の、

> 上人、彼の禅室に到り、法門を難問す。不断惑の成仏（宗門の意）。宗鏡録の三章（標章・問答・引証）。天台宗の三諦（空・仮・中）。達磨宗の五宗（潙仰宗・臨済宗・法眼宗・雲門宗・曹洞宗）。禅師、口を閉じ舌を結んで、答えずして讃じて曰く、汝はこれ文殊師利菩薩、我を訓じんがために来るか云々。禅師が門資（心蓮得業・三位闍梨）、皆赧然として輔けざるなり。
>
> （『続群書類従』九－上、三三二頁）

〔現代語訳〕上人（弁長）は能忍のところに行き、仏法について問い質した。浄土宗の教え・『宗教

録』の所説・天台宗の教説・禅宗の五家のことなど。禅師（能忍）は口を閉ざして質問には答えず、むしろ（弁長を）讃嘆して、「あなたは文殊菩薩のようだ、私を戒めるために来られたのか」といった。禅師の弟子たち（心蓮得業や三位闍梨）は、何もいわず助けることもなかった。

というやりとりからも窺える。形としては能忍が弁長の問いに答えられなかったとしているが、「天台宗の三諦」や「達磨宗の五宗」と同様に、『宗鏡録』についても、少なくとも他人からの質問を受ける程度には、知識があったと見るべきであろう。

栄西は台密学匠として葉上流の祖となっているが、能忍も『渓嵐拾葉集』第五十七巻に、

その時の物語に云う、五大院（安然）の御作に蓮花観とフノリ抄という両種の秘書これ有り。（中略）この蓮花観、フノリ抄と申す事は東寺第一の秘曲なり。未だ散在に及ばざる抄なりと、云云。ある僧、物語に云う、この秘書は摂津国三宝寺という所にこれ在り、云云。大日房建立の寺なり。道光、行きて書写すべしと約束し畢んぬ。

（『大正蔵経』七十六・六九二・上～中）

〔現代語訳〕そのときに語っていうには「安然の撰述に『蓮花観』と『フノリ抄』という二本がある。（中略）この二本は東寺でも最も奥深い教えを説くもので、大切に伝承されている」とのこと

である。

ある僧が「この秘書は摂津国の三宝寺に所蔵されている」と語った。大日坊（能忍）が建立した寺である。道光は行って書き写すことを約束した。

とある。台密大成者である安然の撰述で、東密（真言密教）の根本道場の東寺（教王護国寺・京都市）でも第一とされる秘伝書が、達磨宗の拠点である三宝寺に秘蔵されていたということであって、当然ながら三宝寺において密教が研鑽されていたこと、さらにはそれが能忍の禅風に由来することを推測させるものである。そのことは、高野山宝寿院所蔵『拾《しゅう》遺《い》性《せい》霊《れい》集《しゅう》』の奥書に、同史料の底本が「吹田三宝寺本」であると記されていることからも窺える（高木訷元「唐僧義空の来朝をめぐる諸問題」『高野山大学論叢』十六－五十五）。

　以上、基づいた史料が断片的ではあるものの、能忍の禅風の一端を考えてみたが、それは叡山教学の範疇において、十分に捉えられるものであり、『宗鏡録』の影響を受けた教禅一致の傾向や密教的色彩は、まさしく栄西と共通するものである。次節で紹介するように実践的な修行や戒律護持に欠けるという点を栄西から批判されはしたが、鎌倉期に勃興する禅が叡山教学の中から醸成される一形態と見ることは、十分に可能であると思われる。拙庵徳光に対して見解を呈し、印可証明を得たとされることも、弟子の派遣という形も含めて再検討し、鎌倉仏教の先駆けとして再評価されなければならない。

3　栄西の批判の意図

『興禅護国論』における批判

栄西の能忍に対する批判は、直接名指ししてはいないものの、明らかに能忍に対する批判と思われる一文がある。『興禅護国論』（第三門の余）において、

問うて曰く、或人、妄りに禅宗を称して名づけて達磨宗と曰う。しかも自ら云く、行無く修無し、本より煩悩無く、元よりこれ菩提なり。この故に事戒を用いず、事行を用いず、ただまさに偃臥《えんが》を用うべし。何ぞ念仏を修し、舎利を供し、長斎節食《ちょうさいせつじき》することを労せんやと、云云。この義如何。
答えて曰く、それ悪として造らざるなきの類。聖教《しょうぎょう》の中に空見《くうけん》と言える者のごとき、これなり。この人と共に語り同座すべからず、まさに百由旬《ゆじゅん》を避くべし。

（『栄西禅師集』一四六頁）

〔現代語訳〕質問していう、ある人が禅宗のことを「達磨宗」と言い、しかも本来煩悩や悟りの区別などないのだから修行の必要もない、だから実践的に戒を守ることや修行をすることもなく、ただぼんやり生活しているだけだから、念仏を唱えたり舎利を供養したり、厳しい生活をすることなどないと言っているが、これは正しいのだろうか。答えていう、それは間違いの限りを尽くしてい

る。経典の中に「空見（仏法を誤って理解すること）」とあるのはこのような人である。同じ場所にいて語り合うべきではないし、近寄ってもならない。

とあるように、徹底した否定の態度である。栄西が能忍を認めないのは、この後に続けて『宝雲経』、『摩訶止観』、『宗鏡録』などを引いて、禅が優れた教えであることを聞いても、実践的な修行を欠き、具体的な戒律護持の姿勢がないことを非難している。この点から見ると栄西の批判は、達磨宗が「本より煩悩無く、元よりこれ菩提なり」と、一切の衆生には仏性があるといういわゆる本覚思想の考え方に安住して、「只まさに偃臥を用う（厳しい修行など必要ではなく、ただ寝っ転がっていればよい）」とする点に向けてのことであろう。右の引用箇所の直前にも『宗鏡録』を引いて、栄西自身の禅が「暗証（仏陀の教えとして認められない）」ではなく「悪取空《あくしゅくう》（間違った理解）」でもないことを強調しており、同じく『宗鏡録』に依りながらも、能忍の理解がその厳しい戒律護持と修行を見落としていることを指摘していると思われる。確かに『成等正覚論』においても、戒に対しては明確な考えが示されていない。宋朝禅の厳格な持戒持律主義を取り入れて、最澄が否定して放棄した小乗戒を敢えて重視し、叡山の堕落ともいえる傾向を打破しようとした栄西から見れば、同じような環境と条件の中で禅を指向しながら、ある意味で堕落を誘引した理解と異なることのない能忍は、まさに「共に語り同座」すべきではない、「百由旬を避く」べき存在だったのであろう。

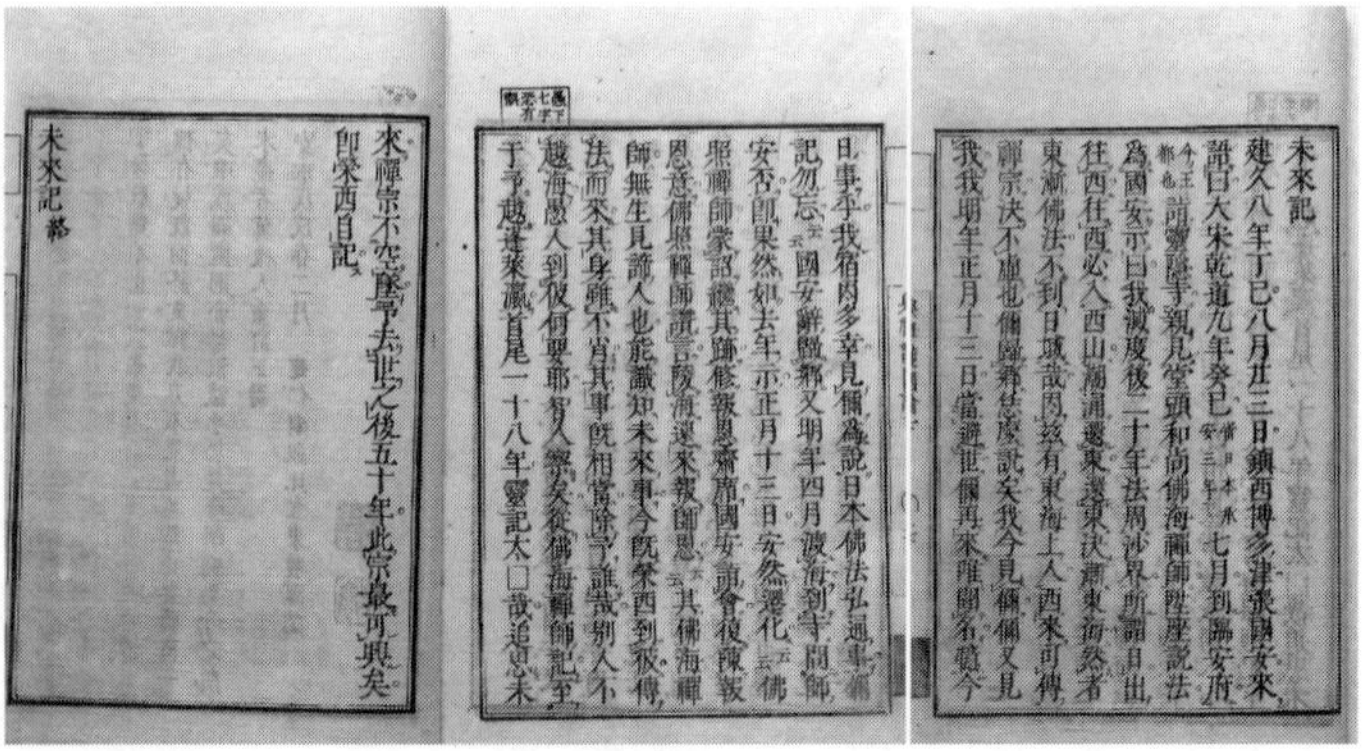

未來記
建久八年丁巳八月廿三日鎮西博多津張國安來
語曰大宋乾道九年癸巳當日本承安三年七月到臨安府
今王都也詣靈隱寺親見堂頭和尚佛海禪師陞座說法
為國安示曰我滅度後二十年法周沙界所謂日出
往西往西必入西山潮涌還東還東決漸東海然者
東漸佛法不到日域哉因茲有東海上人西來可傳
禪宗決不虛也佛歸寂法席說矣我今見佛々又見
我我明年正月十三日當遷世佛再來雖闕名殺今
日事乎我宿因多幸見佛為說日本佛法弘通事佛
記勿忘云云國安辭職歸又明年四月渡海到寺問師
安否師果然如去年示正月十三日安然遷化云云佛
照禪師堂語幾其跡修報恩齋席國安亦會彼陳報
恩意佛照禪師讚言感海還來報師恩云云其佛海禪
師無生見諦人也能識知未來事今既榮西到彼傳
法而來其身雖不肖其事既相當悲乎誰識別人不
越海愚人到彼何要耶智人察矣彼佛海禪師記至
于予越渡來凡首尾二十八年靈記太□哉追思未
來禪宗不空唐去世之後五十年此宗最可興矣
印榮西自記
未來記 終

『未来記』

『未 来 記』における批判

栄西の能忍観を見る史料として、『興禅護国論』の末尾に附された『未来記』は、柳田聖山氏が『中世禅家の思想』（日本思想大系十六）の解説において指摘されたように、見逃すことのできない、重要な意図を含むものと考えられる。前には一部だけを引用したが、以下に全文を紹介する。

未来記

建久八年（一一九七）丁巳八月二十三日。鎮西博多の津の張国安なるもの、来り語って曰く、大宋乾道九年（一一七三）癸巳《みずのとみ》（日本の承安三年癸巳の歳にあたる）七月、臨安府（今の王都なり）に到る。霊隠寺に詣で、親しく堂頭和尚仏海禅師に見ゆ。陞座《しんぞ》説法して国安がために示して曰く、我が滅度の後二十年、法は沙《しゃ》界《かい》に周《あま》ねからんと。いわゆる日出でて西に往《ゆ》く、西に往けば必ず西山入る。潮曳《ひ》いて東に還《かえ》る、東に還れば決して東海に漸《ぜん》す。然らば東漸の仏法、日域に到らざらんや。

ここに因って東海の上人あり、西に来って禅宗を伝うべし。決して虚ならざるなり。你《なんじ》、郷に帰らば恁麼《いんも》に説け。我れ今你を視る、你また我を見る。我れ明年正月十三日、まさに世を避るべし。你再び来るもただ名を聞くのみならん、今日のことを憶せよ。我れ宿因多幸にして、汝を見てために日本仏法弘通のことを説く。你、記して忘るるなかれと、云云。国安、辞して郷に復《かえ》る。また明年四月、海を渡りて寺に到り、師の安否を問う。師は果然として遷化《せんげ》したまうこと去年の示のごとし。正月十三日、安然として遷化すと、云云。仏照禅師、詔《みことのり》を蒙ってその跡を継ぎ、報恩の斎席を修す。国安、会に詣してまた報恩の志を陳ぶ。仏照禅師、讃じて言く、遠を凌して来り師恩を報ずと、云云。

その仏海禅師は、無《む》生《しょう》見諦《けんたい》の人なり、よく未来のことを識知す。今すでに栄西、かしこに到りて法を伝え来る。その身は不肖なりといえども、その事はすでに相い当る。予を除いて誰ぞや。好人は海を越ず、愚人は到れどもなんぞ要せん。智人察せよ。仏海禅師の記より、予が蓬莱の濠を超えるに至るまで、首尾一十八年。霊記はなはだ（奇）なるかな。未来を追思するに、禅宗空しく墜《お》ちじ。予、世を去るの後五十年、この宗最も興るべし。すなわち栄西みずから記す。

（『栄西禅師集』二八七頁）

〔現代語訳〕建久八年八月二十三日に、九州博多の港から張国安というものが来て語るには、宋国の乾道九年（日本の承安三年）七月、今の都である臨安府行って霊隠寺に参詣し、住職の仏海禅師にお目にかかった。須弥壇に昇って私（国安）のために説法して「私（仏海）が亡くなってから二十年後には仏法が広くこの世に行き渡るだろう。いわば太陽が出れば西に行って必ず西の山に入るのと同じである。潮が曳くと東に還り、やがて必ず東の海に流れていく。だから東に伝えられた仏法が日本に伝わらないわけがない。そこで東海（日本）の上人がいて、西に来てきっと禅宗を伝えるだろう。これは本当のことである。汝は郷（日本）へ還ったらそのように伝えなさい。こうして私が汝に会い、汝は私と目の当たりに話した。私は来年正月十三日にきっとこの世を去る。汝が再びここに来ても私の名を聞くだけである。（だからこそ）今日のことをよく憶えておきなさい。私は前世からのよき因縁によって汝に会うことができ、日本に仏法が広まることを伝えられた。決して忘れることがないように」と云われた。私（国安）は辞去して帰った。翌年の四月、海を渡って霊隠寺に行き、仏海禅師の安否を問うたところ、禅師は去年の御ことば通り、正月十三日に安らかに遷化された、とのことであった。（その後）仏照禅師が勅命を受けて住持の席を継ぎ、報恩の法要を修された。私も法要に参列して報恩の気持ちを述べた。仏照禅師はそのことを賞賛して「よくぞ遠路を顧みずにやってきて、御恩に報いたことだ」と仰った。

その仏海禅師は優れた人物であり、未来のこともよく御存知だった。いま現に栄西（私）が中国に行って禅宗を伝えた。私自身は至らない者であるが、禅を伝えたことは預言通りである。私以外の誰だというのか。お人好しは中国（宋）に行ってすらいないし、愚か者は行ったけれども何にもなっていない。賢明な人は知って欲しい、仏海禅師の預言（一一七三年）から私が海を越えて禅を伝えて帰国する（一一九一年）まで十八年、預言とぴったりである。禅宗という教えの未来を考えれば、むなしく廃れてしまうことはないであろう。私（栄西）がこの世を去ってから五〇年後、禅宗は最も盛んになるに違いない。（だから）栄西が自ら記した。

仏海禅師とは、宋朝禅を最初に日本に伝えた叡山覚阿が嗣法した仏海慧遠である。また張国安の報恩の志を讃嘆した仏照禅師とは、ほかならぬ大日房能忍を印可したとされる拙庵徳光である。慧遠は国安に対して、自分が淳熙元年（一一七四）に遷化した二十年後、禅宗が東海上人によって日本へ伝えられると予言し、国安に会ったことも、宿因によってそのことを伝えるためであると述べている。栄西は、張国安が慧遠に謁した承安三年（一一七三）から数えて十八年後、建久二年に二度目の入宋から帰国したことで、慧遠が予言したのは自分以外にないとしている。さらに自分が示寂して五十年後には、禅宗が最も栄えることを予言している。

従来この『未来記』については、自分が伝えた宋朝禅の弘法活動が禁止された栄西が、自らの示寂後の禅宗興隆を期待する気持ちを述べているという解釈もあったが、ことさらに覚阿の師である仏海慧遠と、能忍を印可した拙庵徳光に託して禅の隆盛を予言したという点は、明らかに覚阿や能忍に対する強い意識を含んでいると見ることができる。覚阿が入宋して慧遠に参じ、嗣法して帰国した時期は、栄西が第一回入宋後、密教の研鑽と撰述に没頭している期間である。また能忍が弟子二名を拙庵のもとに派遣したときは、師虚菴とともに天台山から天童山へと移り、いまだ禅の受法を終えていなかったのである。『未来記』の「好人は海を越えず、愚人は到れどもなんぞ要せん」という表現は、名指しではないものの、中国禅宗を実見しなかった能忍と、自分よりも早く受法しながら禅宗を広めなかった覚阿に対する、かなり露骨な非難であると見てよいように思われる。

大日房能忍の禅は、宋版大蔵経に入って将来された『宗鏡録』等に基づく、叡山教学における禅への関心の高まりの中で醸成されたものであり、内容的には宋朝禅と異なるものである。それだけに、事戒事行を欠くという当時の叡山の悪しき傾向、言い換えれば本覚思想の色彩を色濃く残していると考えられる。宋朝禅を新しい方法論として選択し、形の上では臨済宗ないし禅宗としての独立をめざした栄西にとっては、似て非なる存在として批判の対象となったが、別の視点から見れば、宋朝禅の助けを借りることなく、叡山教学の中から禅宗の伝統を見いだしたともいえる。その意味では、鎌倉仏教が叡山から派生する一形態と捉えることも可能と思われる。練中・勝弁を派遣して拙庵徳光の印可を乞うたとされることも、隆盛を伝えられた宋朝禅の祖師に対し、自らの禅への理解を確認したとも考えられるし、拙庵が印可したことで自信を持った能忍は、叡山の伝統を踏襲して「達磨宗」の名称を用いたのであろう。

『宗鏡録』の教禅一致思想の影響を受けて禅に傾倒したという点においては、能忍も栄西も同じような経緯をたどったといえるのであり、ともに叡山教学から派生した禅という一本の延長線上に位置付けることが可能である。その意味では、周囲から見る限り同じ範疇だと理解されてもやむを得ない部分がある。ところが、入宋して宋朝禅を実見した栄西の立場から見れば、能忍の禅宗理解は、実践的な修行や戒律護持を欠くという点で当時の叡山を悪しき傾向をまったく脱しておらず、宋朝禅の厳格な持戒持律主義をもって旧弊を打破し、最澄の祖法を復興しようとした栄西の眼には、まさしく「百由旬を避くべき」存在としか映らなかったと思われる。当時においては、あるいは能忍の方が社会的に早く、しかも広く知られていたかもしれない状況で、二度の渡海入宋の末に受法した自らの禅と、能忍の禅が混同されることだけは避けようとした結果、厳しい批判を加えることになったと考えられる。

4 能忍寂後の達磨宗の展開

従来の達磨宗理解

能忍の評価がいまひとつ定まらない原因として、その法を継承した達磨宗徒が、後に道元（一二〇〇～一二五三）の会下に集団帰投し、日本曹洞宗に吸収され同化してしまったとされていることがある。確かに能忍の弟子覚晏（生没年不詳）が、京都東山から多武峰（奈良県桜井市）に拠点を移し、その多武峰が興福寺衆徒に焼き討ちされたことで達磨宗徒は四散したといわれる。そして覚晏の弟子のうち、懐奘（一一九八～一二八〇）は早くから道元の弟子となり、別に越前波著寺（福井市、現在は金沢市に移転）に移動していた懐鑑（生没年不詳）も、門流を率いて興聖寺（京都市、現在は宇治市に移転）の道元下に帰投し、さらに越前に下向する道元に随行した。その後、懐鑑はおそらく波著寺に住したと思われるが、他の達磨宗徒は永平寺に残留したか、波著寺と永平寺を往来していたようである。道元の示寂後、永平寺第二世となった懐奘が、懐鑑の弟子であった義介（一二一九～一三〇九）を法嗣《はっす》にしたことで、結果的に達磨宗徒が道元示寂後の永平寺僧団の中核を形成した。懐鑑の弟子である義介から、曹洞宗の法を伝える助証として達磨宗の嗣書を受けた瑩山紹瑾（一二六四～一三二五）が、その他の相承物と共に永光寺（石川県羽咋市）五老峰に嗣書を埋納した時点で、その法燈は途絶えたとするのが従来の達磨宗に対する理解である。

しかし右のような理解は、能忍が当初拠点とした摂津三宝寺のその後状況については、まったく触れていない。あたかも能忍門下の全員が覚晏に率いられて、東山から多武峰へと拠点を移し、さらに覚晏示寂後は懐鑑に率いられて越前波著寺へと流浪して、いったんは行動を別にした懐奘と興聖寺で合流するが、結果として曹洞宗に吸収されたかの如くである。ところが、それまで言及されていなかった能忍没後の三宝寺の状況を窺わせる史料が発見されたことで、覚晏の系統とは別に三宝寺を拠点とした達磨宗徒が、能忍以来の宝物を護持しながら、中世中頃までは活動していたことが確認された。当然ながら、それに伴って曹洞宗に吸収された波著寺系達磨宗徒に対する理解も、大幅な修正を迫られることになったのである。もちろん、初期永平寺僧団の中心メンバーが達磨宗徒であったことが、日本曹洞宗の歴史を考える上で、きわめて重要な要素であることは間違いない。ただ、従来の達磨宗に対する見方が一面的なものであったということであり、その意味では日本中世仏教史の中で、改めて能忍や三宝寺系達磨宗の正当な位置付けがなされなければならない。

正法寺所蔵史料の発見

能忍の示寂後、三宝寺がどういう状況で護持されていったかについて、これまではほとんどで不明であり、わずかながら密教を研鑽する道場であったことを窺わせる史料が残されていることから見て、すぐに廃寺になったというわけではなさそうである。しかし、それは具体的な状況を語るものではなく、能忍寂後の三宝寺の輪郭を示すものでもなかった。昭和五十年（一九七五）春の奈良国立博物館特別展「仏舎利の美術」に、浄土宗正法寺（京都府八幡市）所蔵「達磨六祖舎利容器」とその附属文書が出品展示された。内容としては、合計二十点の文書が巻子装二軸に仕立てられ、六祖舎利およびその容器、火焔塔型舎利容器二個、五輪塔型舎利容器一個、伝大慧宗杲袈裟などとともに、一括史料として箱に納められ、京都国立博物館に委託管理されていたものである。実はこれらが摂津三宝寺関係史料であり、能忍寂後の三宝寺の状況を知ることができるものであった。結果的にこれらの史料の発見が、達磨宗研究に新たな視点を与えたといえる。文書史料の一々については『曹洞宗研究紀要』十八号（一四二頁）において翻刻紹介したが、その大半は、能忍が派遣した二弟子が、帰国に際して持ち帰った大慧宗杲の袈裟、および六祖舎利、つまり達磨から六祖慧能に至る六人の祖師の舎利や、普賢光明舎利に関するもので、特に舎利の護持状況について、興味深い内容を伝えている。本来「六祖」といえば、達磨－慧可《えか》－僧璨《そうさん》－道信－弘忍《ぐにん》－慧能《えのう》と次第する中国禅宗の第六祖である慧能を意味するが、三宝寺関係史料では、達磨から六祖慧能に至る六人の祖師という意味で用いている。（以下本書でも、この限定された意味で「六祖」という語句を使用する）

能忍が拙庵から授与されたとものとして、これまでに知られていた史料に記されているのは、『元亨釈書』の「法衣および賛達磨像」、瑩山紹瑾の「嗣書助証」にある「臨済家嗣書、祖師相伝血脈、六祖普賢舎利等」である。嗣書・血脈については、瑩山によって永光寺（石川県羽咋市）五老峰に埋納されたので現存しないが、正法寺所蔵史料の発見によって、その他の相承物については一応確認ができたことになる。大慧の袈裟に関する文書には、「本願帰朝の際に伝来」したものであること、「三宝寺の重宝」であることなどや、その寸法が記されている。舎利・袈裟の伝来については、「摂州中嶋三宝寺六祖舎利大慧袈裟伝来記」に次のように述べられている。

夫れ摂州中嶋三宝寺は大日上人（または本願とも号す）の開基たり。後鳥羽帝の文治己酉五年、大日、僧徒を宋朝に遣して、仏照禅師に法を受継げり。（この旨、年代記に見えたり）その後、大日もまた宋に行く。仏照、大日の信敬を感美して、達磨・慧可・僧燦・道信・弘忍・慧能の舎利及び大慧禅師の袈裟を附属す。帰朝あって、三宝寺宝物として、歴代相承せり。惜しいかな、応仁三年夏、義政将軍、摂州中嶋十七箇所を責め玉う。中嶋諸勢、これを防ぐに及ばず、敗北せり。その時、三宝寺すべて戦場になりぬ。衆徒、宝物を亡滅せんことを歎き、六祖舎利及び袈裟そのほか宝物若干を、泉州堺郷の道者の草庵に贈れり。それよりして後、比丘尼、この草庵を相続せり。この尼は、聖賢院開基大檀那安正軒宗賢居士の叔母なり。（後欠）

この文書は、題名に「摂州中嶋三宝寺」とあることから、あるいは正法寺で発給されたもので、三宝寺関係史料が正法寺に移管された事情について、認《したた》めた物ではないかと考えられる。『本朝高僧伝』では「水田三宝寺」となっているが、江戸期に著された名所図会などには「中嶋三宝寺」となっており、一般に三宝寺の所在地は中嶋とされていたと思われる。ちなみに『元亨釈書』の注釈書である『元亨釈書便蒙』（享保二年〔一七一七〕）の註記によると、

あるいは曰く、衣はすなわち杲大慧の旧物なり。展転して、今は八幡山下、正法寺の中の聖賢院に在り。

（花園大学所蔵版本、第二巻八丁右）

とあり、少なくとも大慧の袈裟が正法寺に移管されていたことは、ある程度、知られていたと思われる。右の「伝来記」が語るように、六祖舎利・大慧袈裟については、応仁の乱を避けて三宝寺から持ち出されたようであり、末尾にある開基法号の「聖賢院」が、『便蒙』のいう正法寺の子院である聖賢院を指すと考えるのが妥当であろう。ただ、この二つが同一であるかどうかについては、史料の上ではっきりとは確認できず、多少疑問が残る。しかし、いずれにしても舎利・袈裟については、現実に正法寺に移管されたのであり、正法寺においてその経緯を認めたものが、この「伝来記」であると思われる。また、能忍が練中・勝弁を拙庵徳光のもとに派遣して印可を受けさせた後、自ら渡海入宋し、種々の相承物はこの時に拙庵から授与されたとしている。前にも述べたように、能忍にとって

の嗣法、もしくは弟子を派遣したことについての意味は、慎重に再検討すべき問題であるが、おそらく『元亨釈書』の批判が世に与えた影響は大きく、面授嗣法をきわめて重視する宋朝禅が隆盛を迎える中で、一種の負い目のようなものが能忍入宋という伝承を醸成挿入させたのであろう。

この「伝来記」には、達磨像と拙庵自賛頂相について何の記述も無いが、達磨像は土佐長浜の雪蹊寺（高知市）を経て妙心寺大通院の什物《じゅうもつ》となり、寛永十三年（一六三六）愚堂東寔《ぐどうとうしょく》（一五七七〜一六六一）が後水尾《ごみずのお》上皇に請されて説法した際に、仙洞御所の壁間に掛けられたと伝えられている（『妙心寺史』四二七頁）が、現在は個人の所蔵となっている。拙庵自賛頂相については辻善之助氏が、大正五年（一九一六）下条正雄氏売立に賛文のみを表装したものが出ているのを目撃されている（『日本仏教史』第三巻、六十一頁）。このことからも、理由は不明であるが、達磨像・拙庵自賛頂相は正法寺に移管されず、しかも応仁の乱にも亡滅しなかったことになる。そのことは、とりもなおさず「伝来記」が正法寺発給であることを示すのではないだろうか。

三宝寺の舎利信仰

二十点の文書のうち、写し一点を含めた十三点が、六祖普賢舎利関係の文書であるということは、三宝寺においての舎利の護持相伝が、非常に重要視されていたことを示すものであろう。特に、普賢光明舎利に関する建保六年（一二一八）の文書には、

普賢光明舎利参拾柒（三十七）粒

右は先師、宋朝より伝来せり。禅宗重宝として、師資相承し、散失すべからず。

建保六年五月十五日　弟子定観これを記す　在判

とあり、「禅宗重宝」として相承し、散失させてはならないとしている点は、これが建保六年という早い時期の史料であるだけに興味深い。前に確認したように、能忍の禅風自体が密教的色彩が濃厚なものであり、三宝寺も密教研鑽の道場であった可能性が高いが、一方で、おそらくは能忍示寂直後といえる時期、三宝寺を継承した僧たちには、自らを「禅宗」とする意識があったということだと考えられる。

さらに、寛喜二年（一二三〇）の「三宝寺御舎利安置之状案」、応永十二年（一四〇五）の「三宝寺重宝内御舎利六祖分数」、寛正三年（一四六二）の文書、応仁元年（一四六七）の「六祖御舎利米粒数」などは、鎌倉から室町期を通じて、六祖舎利および普賢光明舎利の数の増減、および形・色などについて詳細に記録しており、その保管には細心の注意を払っていたようである。同様のことは、嘉禎四年（一二三八）八月十日付けの「僧観照」による舎利殿の棟札の写しと思われる文書からも推測できる。つまり舎利の相伝護持のために、独立した伽藍を建立したということである。

三宝寺関係史料の中で、建仁元年（一二〇一）という最も古い年記の「六代祖師舎利事」には、

建仁元年壬戌、正月三日申の刻
同法定観の勧めに依りて、六祖御舎利を拝し奉るの処

第六祖の舍利一粒、始めて出来御す
元と合わせて二粒なり（その貌、円白にして光潤少しく劣る）
これ機感じ時至るか。はなはだ以て幸甚々なり
達磨の御舎利、元より二粒。慧能の御舎利、今二粒になる
よって六祖合わせて八粒の舎利なり
当時、不思議の思いをなす。すなわちこれを記するところなり
蓮阿弥陀仏　観真（花押）

六代祖師舎利事（端裏）

とあり、観真が同法（同門の意か）である定観の勧めによって、六祖舎利を「拝見」したところ、慧能の舎利一粒が出来したという奇端を述べている。同種の奇端は応永十四年（一四〇七）の文書にも、

応永十四年丁亥、十一月十一日酉の剋に
御舎利信仰僧（宗助と号す）来り、拝見するの時
普賢光明御舎利の内、青色の御舎利一粒、分散これあり
末代の御舎利たりといえども、奇特不思議の奇瑞なり

と述べられている。宗助という僧が「拝見」した時に、普賢光明舎利一粒が分散したというもので、末代の舎利とはいえ不思議な奇瑞であるとしているが、ここで宗助を「御舎利信仰僧」と呼んでいることも含め、三宝寺における舎利信仰と、そこでの「拝見」という儀式の重要性が感じられる。このほかにも、「舎利十徳」や「仏舎利拝見の十三種功徳」を挙げた文書があり、こうした点からも、三宝寺における舎利信仰と、「拝見」の重要性が窺える。他のいくつかの文書が、舎利の保管と分散を防ぐ意図を持った内容であることも、そのことを語っているように思われ、あくまで「禅宗重宝」として六祖普賢光明舎利を護持相伝することが、能忍没後の三宝寺の重要な役割であったと考えられる。しかも「三宝寺御舎利安置之状案」には、

（前略）
右は、本願上人、宋朝より伝来の後、
禅宗重宝として、師資相承せしところなり
しかして宗の本寺たるが故に
彼の御舎利の随一、合わせて五粒
三宝寺に安置し奉るの状、件の如し
寛喜二年（一二三〇）庚寅　二月十五日　これを記す

（傍点筆者）

と、三宝寺が達磨宗（禅宗）の本寺であることの象徴として、舎利を安置する旨が述べられている。その意味では、東山から多武峰へと移錫していった覚晏の系統は、あくまで傍系であり、後に興聖寺の道元のもとに集団帰投する覚晏門流の達磨宗が、唯一の達磨宗僧団であったわけではないし、彼らが日本曹洞宗に同化することで、達磨宗が消滅したのでもないことは明らかである。

以上のような点から考えて、栄西の「密禅併修」と同じように、台密研究が盛んな叡山教学の中から醸成された、派祖大日房能忍の密教的な禅という傾向は、そのまま能忍示寂後も三宝寺で継承されたのである。またその一方で、練中・勝弁が宋から持ち帰った六祖舎利および普賢光明舎利を、禅宗相承を証明する宝物として、さらには三宝寺が達磨宗の本寺であることの象徴として、慎重かつ厳重に護持していたことが窺える。言い換えれば、能忍寂後の三宝寺は、密教道場であると同時に独自の舎利信仰の対象として、相当期間、少なくとも応仁の乱前後までは存続していたといえる。

第五章　鎌倉幕府と建仁寺

1　鎌倉下向

鎌倉幕府との結び付き

『吾妻鏡』正治元年（一一九九）九月二十六日条に不動堂供養の導師を勤めたとあるのが、栄西が鎌倉に赴いたことを示す最初の記録である（『国史大系・吾妻鏡』第二冊、五六〇頁）。しかし注目すべきなのは、その直後ともいえる正治二年正月十三日、前年に没した鎌倉幕府初代将軍頼朝の一周忌法要の導師に請されていることである（『国史大系・吾妻鏡』第二冊、五六四頁）。頼朝の一周忌法要は、当然ながら最重要の公的行事であり、その導師を勤めるということは、この時期にはすでに幕府ないし頼朝の妻北条政子の信頼を得ていたということである。前に述べたような、東大寺大勧進職となる俊乗房重源や頼朝の征夷大将軍宣下に尽力した九条兼実との関係が、栄西と鎌倉将軍家を結び付けたともいわれるが、必ずしも明らかではない。そのこととは別に、正治元年四月

北条政子

二十三日に行われた頼朝の百か日法要の導師を勤めたのは、のちに栄西の弟子となり、その後継者となる荘厳房退耕行勇である。行勇は東大寺での受戒後、早い時期に鎌倉に来て鶴岡八幡宮の供僧を勤めており、あるいは鎌倉幕府と栄西を結びつけたのが行勇である可能性も考えられる。というのも、行勇が開山となった浄妙寺（神奈川県鎌倉市）の所蔵史料に、行勇が入宋したという記事があり、その時期が栄西の二度目の在宋期間と重なるからである。ただしこの史料は、鎌倉幕府の公式記録ともいえる『吾妻鏡』と齟齬する記事が相当数あり、検討を要するものである。いずれにしても行勇が栄西に先んじて鎌倉に在ったことは、少なからぬ意味を持っていたと思われるので、行勇については栄西の弟子として章を改めて検討する。

寿福寺と北条政子

『吾妻鏡』正治二年（一二〇〇）閏二月十二日条には「尼御台所（北条政子）御願として伽藍を建立せんがために、土屋次郎義清が亀谷の地を点出せらる。これ下野《しもつけ》国司（源義朝）御旧跡なり」（『国史大系・吾妻鏡』第二冊、五七二頁）とあり、翌日にはこの土地が栄西に寄進されて、彼を開山とする寿福寺の伽藍建立が開始された。『吾妻鏡』によれば、この地は後三年の役に際して源義家が源氏の白旗を立てた源氏山の麓であり、頼朝の父義朝の鎌倉館の跡とされている。鎌倉入りした頼朝は、当初この地に館を建てようとしたが、すでに義朝の菩提を弔うための一寺が、岡崎義実によって建立されていたので断念した、とのことである。さらに養和元年（一一八一）にはこの堂が、土屋次郎義清（義実の子）に相伝され、同年三月一日に頼朝が母の忌日法要をここで修しており、この堂を『吾妻鏡』は「土屋次郎義清亀谷堂」と記している（『国史大系・吾妻鏡』第一冊、六九頁）。つまり政子が発願して寿福寺を建立しようとした土地は、もともと岡崎義実が義朝の菩提のために一寺を建立した跡地だったのである。

正治二年七月六日には、政子が京都で描かせた十六羅漢の画像が完成し、十五日に開眼供養が栄西を導師として寿福寺で行われ、政子も列席している（『国史大系・吾妻鏡』第二冊、五七五頁）。また建仁二年（一二〇二）二月二十九日には、義朝の旧宅が寿福寺に寄進されている（『国史大系・吾妻鏡』第二冊、五九五頁）。その一方で元久元年（一二〇四）五月十六日に、政子は祖父母北条時家夫妻を供養する法要を修している（『国史大系・吾妻鏡』第二冊、六一九頁）。このような経過を見ると、北条政子の寿福寺に対する手厚い帰依は、夫頼朝の源氏と自らの実家北条氏を結びつけることが目的であったとも考えられる。

そもそも北条氏は平氏の末流であり、平治の乱（一一五九）で平清盛政権が成立し、死罪となるはずだった源頼朝が、清盛の継母である池禅尼などの助命嘆願で伊豆に流された際、その監視役となったのが政子の父時政である。ところが政子が頼朝と恋仲となり妻となったために、当初は反対していた時政も、結果的に頼朝の挙兵に協力して源氏政権を実現させた。鎌倉幕府の成立後は、梶原・比企・和田・三浦などの有力豪族の陰で目立たなかったが、さまざまな役職を歴任して力を蓄え、頼家を失脚させて実朝を将軍に擁立するとともに執権の職に就いている。

こうした動きの中で、栄西は度々幕府主催の法要の導師を勤めている。栄西示寂までに、『吾妻鏡』に記されている導師を勤めた記事を列挙すると、以下の通りである。

正治元年（一一九九）九月二十六日　不動堂供養の導師
　二年（一二〇〇）一月　十三日　頼朝一周忌の導師
　　　　　　　閏二月　十三日　寿福寺建立の初め
　　　　　　　七月　十五日　政子が描かせた十六羅漢像の開眼供養導師
　　　　　　　　　　　　　　　　　　　　〔政子参詣聴聞〕
建仁二年（一二〇二）三月　十四日　永福寺多宝塔供養導師　〔政子・頼家参詣〕
　三年（一二〇三）九月　　二日　薬師如来像供養導師　〔政子参詣〕
元久元年（一二〇四）二月二十八日　実朝の逆修結願の導師
　　　　　　　十二月　十八日　政子の七観音図供養導師　〔実朝渡御〕
　二年（一二〇五）五月二十五日　五字文殊像供養導師　〔営中〕
承元四年（一二一〇）九月二十五日　実朝の五字文殊像供養導師

建暦元年（一二一一）十月　十九日　永福寺宋版一切経供養導師　〔実朝参詣〕
十月二十二日　永福寺傍の一宇（伊賀守朝光建立）供養導師
十二月二十五日　実朝の文殊供養導師
十二月二十八日　実朝の厄の祈禱に加わる
二年（一二一二）六月　二十日　実朝寿福寺に渡御し仏舎利を伝わる
建保二年（一二一四）二月　四日　実朝の深酔いを加持する
六月　三日　実朝に命ぜられて雨を祈る
七月　一日　大倉大慈寺供養導師を命ぜらる
七月二十七日　大慈寺供養導師　〔政子・実朝渡御〕
十月　十五日　大慈寺で舎利会を行ず

きわめて多くの法要の導師を勤めているが、ほとんどが政子と頼家ないし実朝と直接に関係する法要と見られる。ただし、内容的には禅宗のものではなく、多くを台密僧として勤修している。言い換えればこの時期、鎌倉幕府と関わっていた栄西は、禅僧としては認識されていなかったといえる。二代将軍頼家は父頼朝の急死により、建久一〇年（一一九九）十八歳で家督を継いだものの、元久元年（一二〇四）七月には暗殺されてしまう。ある意味では頼家から実朝への将軍交代がそのまま、鎌倉幕府成立の立役者であった諸豪族を政治抗争によって滅ぼし、政子の父時政が執権となって、北条氏政権を実現する過程であったといえる。その裏では夫頼朝の没後、実家北条氏と源家将軍との結び付きを宗教的に強めていくという、政子の思惑が大きく働いていたのではないかと考えられる。いわば栄西は、寿福寺を拠点として政子の要請する法要の導師を勤めつつ、結果的に鎌倉における自らの地位を獲得したのである。

2 建仁寺

建仁寺建立と仏法中興

寿福寺における北条政子の帰依を背景として、鎌倉での地位を固めた栄西は、かつて建久五年に布教活動を禁じられた京の都に、再び活動の拠点を獲得することになる。すなわち『元亨釈書』によれば、

建仁二年(一二〇二)、金吾大将軍頼家、地を王城の東に施して、大禅苑を営む。三年六月、尚書省劄《さつ》して、台・密・禅の三宗を置く。西、すなわち真言・止観の二院を寺に搆《かま》う。

(訓読『元亨釈書』三四頁)

〔現代語訳〕建仁二年、征夷大将軍頼家が、都の東に土地を寄進し、禅宗の大寺を建立した。三年六月には、(太政官)の意向により天台・真言・禅の三宗を置いた。そこで栄西は真言院・止観院を

構えた。

この「大禅苑」が、のちに京都五山第三位に位置付けられ、今日なお臨済宗建仁寺派の本山として、京都四条通の南、祇園花見小路の突き当たりにある建仁寺である。栄西にとっては、一度は布教を禁じられた京の都に、鎌倉幕府の権威を背景として捲土重来し、将軍頼家の外護によって建仁寺という拠点を獲得した訳である。

建仁二年は頼家が征夷大将軍の宣下を受けた年であるが、翌年には政子との関係が悪化するとともに、自らの体調も思わしくなく、また長男一幡の外祖父である比企能員が北条時政に謀殺されるなどし、九月には将軍の地位を追われる。母の政子らは朝廷に対して頼家が死去したという虚偽の報告を行い、弟の千幡への家督継承の許可を求め、千幡が将軍実朝となる。頼家は伊豆国修禅寺（静岡県修善寺町）に護送され、翌年の元久元年（一二〇四）七月十八日、北条氏の手兵によって殺害されたとされる。『吾妻鏡』はその死について、「十九日己卯、酉尅。伊豆国の飛脚参す。昨日（七月十八日）左金吾禅閤（年二十三）。当国修禅寺において薨じ給うの由、これを申す」（『国史大系・吾妻鏡』第二、六二〇頁）と記すのみである。『愚管抄』によると、激しく抵抗した頼家の首に紐を巻き付け、急所を押さえてようやく刺し殺したという（『古典文学大系』八十六、三〇一頁）。このような権力闘争が展開されている中で、頼家がどの程度栄西を支援できたかは疑問であり、やはり建仁寺建立を実現させたのは、前項でも述べたように、頼家の母政子の帰依と意向が大きく影響したものと考えられる。

先の聖福寺・寿福寺と併せて、栄西の活動拠点となる寺院が鎌倉・京・博多の主要都市に開かれたことになる。ただ、宣旨によって真言・止観・禅の三宗を置くとあること、後には真言院・止観院も建立されていることから、純粋な禅院として建立されたわけではない。また比叡山延暦寺の末寺、あるいは別院と位置づけられていたとする史料もある（「康永四年山門申状」『空華日用工夫略集』）。前にも紹介した無住の『沙石集』に、

> 鎮西の聖福寺、洛陽の建仁寺、関東寿福寺、彼の創草の禅院の始めなり。然れども、国の風儀にそむかずして、戒門・天台・真言なんどかねて、一向の唐様を行ぜられず。時を待つ故にや。深き心あるべし。
>
> （『日本古典文学大系』八十五、四五三頁）

〔現代語訳〕鎮西（九州）の聖福寺、洛陽（京）の建仁寺、関東（鎌倉）の寿福寺は、栄西が建立した、禅宗寺院の最初である。しかしながら日本の伝統的なあり方に背くことができず、戒律・天台・真言を学ぶ寺院とした。時機の到来を待ったからであろう。そこに深い配慮があったのである。

とあるが、無住は明らかに、叡山からの非難を避けるためのカモフラージュであると見ている。しかし、これまでに述べてきたように、戒律重視の姿勢を一貫して強調していること、台密僧でありな

がら宋朝禅を受法して密禅併修を形成したという、栄西独自の立場を考え合わせる限り、禅院に戒門・天台・真言を兼ねていることこそが、栄西が二度の入宋を経てたどり着いた仏法と見るべきである。とりもなおさず、それは『元亨釈書』に「禅宗もし非ならば伝教また非なり、伝教もし非ならば台教立たず、台教立たずんば台徒あに我を拒まんや」（『訓読　元亨釈書』三一頁）とあるように、最澄の日本天台宗の教えを復興すると宣言していることにほかならない。

建仁寺の官寺化

建仁寺の伽藍建築はその後しばらくの間続くが、叡山などの反駁もあったのか、一部には批判的な評判もあったようで、『元亨釈書』に、

> 元久二年（一二〇五）の春三月、畿甸《きでん》に大いに風ふく。都人、謡言すらく「このごろ西師、新たに禅要を唱う。その徒の衣服、製を異にす。伽梨《ぎゃり》は博幅、直裰《じきとつ》は大袖なり。行道の時、多く飆風《ひょうふう》を含む。今、巽二《そんじ》災いを作す。恐らくは西に基づくか」と。巷謳《こうおう》、甚だ喧《かまびす》しうして天聴に達す。有司に詔して西を駆って都より出さんとす。西、勅の下るを聞いて、徒に語りて曰く「今日は吉日なり。これ吾が法、成ずるの秋《とき》なり。汝等、早く堀川に征きて材を買え」と。諸徒、笑いを匿《かく》す。既にして官吏、至る。西曰く「風は天地の気なり。人の作す所にあらず。その神を飛廉《ひれん》という。あに西のよくするならんや。西に干《あずか》らざること明らけし。もし人有りてよく風を作さば、その人、もっとも霊なり、凡とはなさず。明主、みだりに放逐を加えじ。両端を審詳するに、西の都を出でざること必せり」と。官吏、西の言を奏す。上（土御門天皇）曰く〔この比丘の言うこと微に詣《いた》る〕

と。重ねて勅して曰く〔羨《ねが》う所無しや〕と。西、よって営構のことを陳《の》ぶ。これによって建仁、上って官寺となり、有司の監護を得たり。

（訓読『元亨釈書』三四頁）

〔現代語訳〕元久二年の春三月、畿内（都を囲む天子の直轄地）に大風が吹いた。都の人々が噂して「この頃、栄西という者が新たに禅宗なる教えを唱えている。その門徒たちの服装が異様である。袈裟は幅広で法衣は大きな袖である。おそらく栄西が原因だ」といった。（それが）歩くときにつむじ風を吹かせる。巽二（風神）の災いである。おそらく栄西が原因だ」といった。巷の声がたいへん高まって天皇の耳にも達した。官吏に命じて栄西を追放しようとした。栄西は勅が下されたことを聞いて「今日はめでたい日だ。まさしく私の教えが認められる日が来た。おまえたち、早く堀川に行って材木を買ってきなさい」といった。門徒たちは笑いをこらえた。役人がやってくると栄西は「風は天地のなせることである。人ができることではない。その神を飛廉というのだ。どうして私が出来ようか。私に関係が無いことは明らかである。もし風を起こせる人がいるとしたら、その人は神に等しいし、凡人ではない。聡明な方ならばいたずらに追放したりはしない。二つの考えを比べれば、私は間違いなく都を出ない」といった。役人が栄西の言葉を申し上げると、御上《おかみ》は「この僧の言うことはなかなかおもしろい」といい、重ねて「望はないか」といわれた。そこで栄西は伽藍建立のことを申し上げた。それで建仁寺が官寺に位置づけられ、官の外護を獲得した。

と、禅宗の僧が大きな袖の法衣を着て歩くので大風が吹くとして、栄西が放逐されそうになったこと、それを逆手にとる機転によって建仁寺が官寺となったエピソードを述べている。この話が史実かどうかは不明ながら、やはり朝廷から官寺となることを認められたのも、幕府の意向が働いたのであろう。栄西の活動を支えたのは北条政子や将軍頼家・実朝を中心とする鎌倉政権の権威であり、とりわけ政子の個人的な帰依が、寿福寺・建仁寺の建立を実現させたといえる。結果的に建仁寺は、禅院としては初めて「建仁」の元号を関する寺院となった。元号を寺名とする寺院としては比叡山延暦寺も同様であり、もっとも高い寺格を示すものである。当然ながらその先例は中国であり、日本では天皇に認められなければならない。いわば鎮護国家を祈る勅願寺《ちょくがんじ》としての資格を与えられるのであり、栄西が『興禅護国論』において、禅宗こそ鎮護国家の教えであるとした主張が、公式に認められたことになる。

建暦元年（一二一一）、北条政子の発願により源頼朝菩提のため、栄西を開山第一世として高野山に禅定院（のちの金剛三昧院）が創建された。承久元年（一二一九）には実朝菩提のために禅定院を改築して金剛三昧院と改称し、以後将軍家の菩提寺として信仰された。貞応二年（一二二三）に諸堂を建立し、栄西の高弟である退耕行勇を初代長老とした。天福二年（一二三四）十月五日付の関東御教書によれば、高野山金剛三昧院は建仁寺本願僧正（栄西）の素意に任せて、禅教律によって興行すべきことが命ぜられている（『高野山文書』二巻所収「金剛三昧院文書」三七九頁）。こうした経緯からも政子の栄西に対する個人的信頼が窺える。また次章で述べるように、栄西は『喫茶養生記』を著して茶の効用を説いているが、政子や実朝が帰依した要因として、南宋禅院での飲茶の習慣を含めた生活文化に関する知識があったという指摘もある（川添昭二『日蓮と鎌倉文化』二一五〜二一八頁）。建仁寺建立の翌年に将軍頼家が失脚しても、なお三代将軍実朝と母政子の帰依を受けることは変わりなく、栄西の社会的地位も確固たるものとなっていったと思われる。

建仁寺開創の翌々年、元久元年（一二〇四）栄西は『日本仏法中興願文』を著している。この中で「こいねがわくは輔相・智臣、心をこの願文に留め、つぶさに奏聞を経て中興の叡慮を廻らし、仏法・王法を修復せば、最も望むところなり。小比丘の大願、ただこれ中興の情のみなり（宰相や官位にある人たちは、是非ともこの願文の趣旨をくみ取って、意図するところを〔天皇に〕奏上し、仏法中興の勅が〔私に〕下るよう計らい、仏法と王法をともに復興することができれば、それが心から望むところである。私の大きな願いは、ただ正しい教えを中興したいということだけである）」（『栄西禅師集』三二六頁）と述べていることを見れば、朝廷要路に何らかの伝手があったことを窺わせると同時に、最澄の古法復興が栄西の偽らざる想いであったことがわかる。同時に『元亨釈書』が伝えるように、栄西が建仁寺おいて南宋風の袖の大きな禅衣をまとっていたことからは、南宋禅院の威儀（服装）や法会が踏襲され、実践されていたことがうかがえ、南宋仏教の将来によって右にいう「中興の情」を遂げようとしたと考えられる。道元が『正法眼蔵随聞記』（『道元禅師全集』第七巻、七八頁）でいうところによれば、栄西は建仁寺において厳格な持戒持律の修行生活を実践していたようである。さらに『正法眼蔵』「洗面」（岩波文庫、第三冊、一三六頁）に、道元が入宋した頃の南宋では一般的に行われていなかった「刮舌《かつぜつ》」の作法を、栄西が伝え実践していたと述べており、単に南宋寺院を模倣するのみならず、より本来の威儀を実践しようとしていたと思われることも重要である。

入宋求法と建仁寺

建仁寺開山となった栄西が、二度にわたって入宋したことはすでに述べたが、同時期に入宋した覚阿や、弟子を入宋させた大日房能忍がいたことも紹介した。彼らに続いて、永平寺（福井県永平寺町）開山の道元や、東福寺（京都市）開山聖一国師円爾、興国寺（和歌山県由良町）開山法燈国師無本覚心が次々と宋朝禅を伝えるが、この三師はいずれも入宋して中国の禅僧に嗣法するものの、それ以前には栄西の弟子たちと深い関係があり、ある意味では栄西の孫弟子ともいえる僧たちである。例えば、道元は栄西の弟子明全の侍者として入宋しているし、栄朝に参随した円爾も入宋し、径山《きんざん》（中国浙江省）の無準師範《ぶじゅんしばん》に嗣法している。無本覚心も『無門関』の撰者である無門慧開に嗣法したが、入宋前に長く行勇に参随していた。さらに相前後して栄西の門流、言い換えれば建仁寺僧団からも、何人かの僧が入宋したことが知られている。行勇の弟子で後に寿福寺・建仁寺の住持となる大歇了心（生没年不詳）は、入宋して宋朝寺院の規矩を伝えたとされるし、やはり行勇門下の仏眼房隆禅（生没年不詳）は、『正法眼蔵』によれば宋地において道元と関わりがあり、おそらくは先んじて入宋していたと考えられる。また少し時代は下るが、栄朝門流の龍山徳見（一二八四～一三五八）も入元し、中国で雲巌寺（江西省）の住持となるが、自ら栄西の法系を継ぐことを表明して話題となっている。こうした状況から推測すると当時の建仁寺は、渡海入宋あるいは入元するための情報を、入手しやすい環境にあったと考えられるのである。

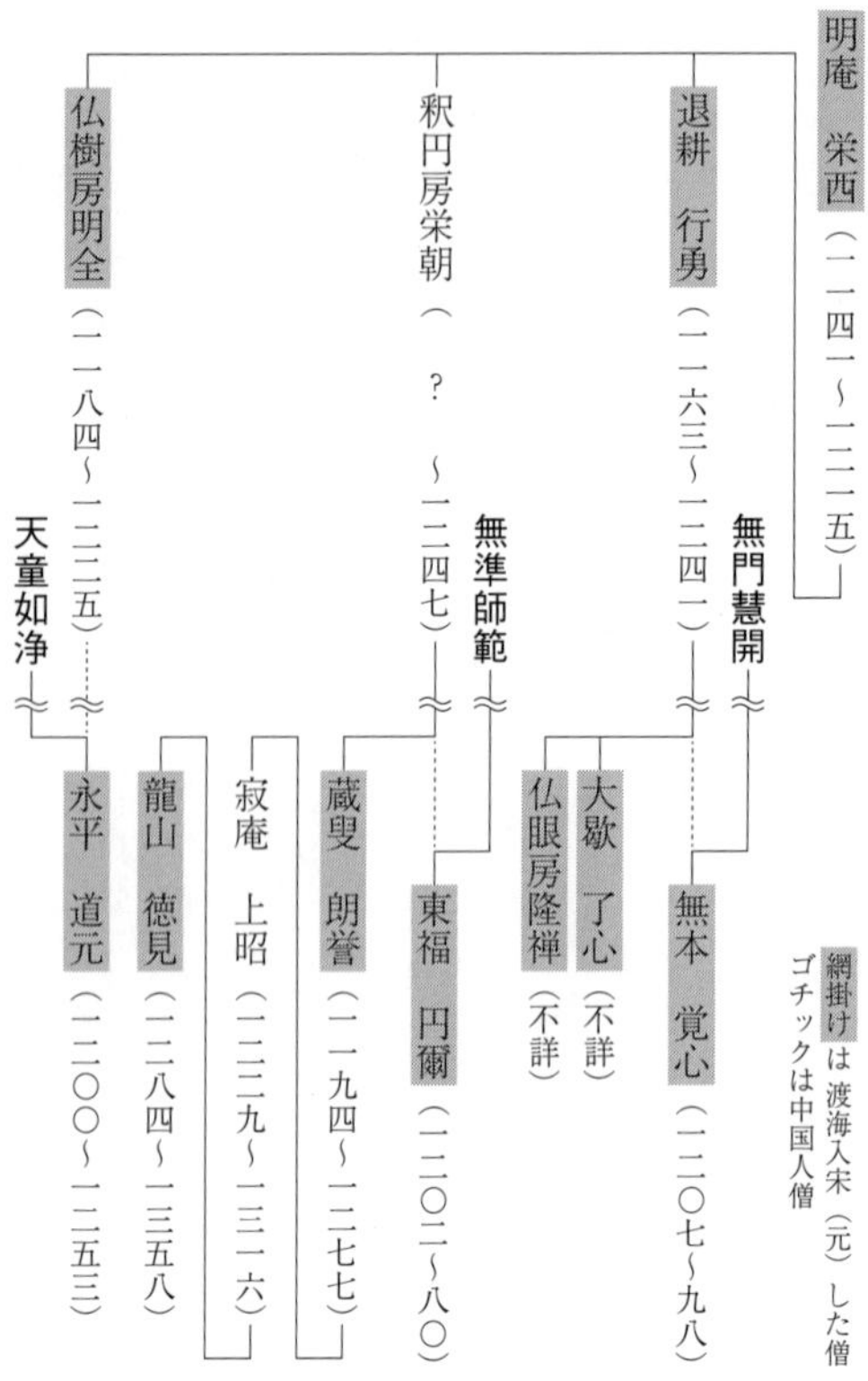

栄西門流の渡海僧

こうした建仁寺の環境がつくられる上で、栄西の弟子ではないが重要な意味をもつ人物が、東山泉《とうざんせん》涌寺《にゅうじ》（京都市）の開山我禅房俊芿《がぜんぼうしゅんじょう》（一一六六～一二二七）である。俊芿は、寿永二年（一一八三）十八歳で出家し、翌元暦元年に天下三戒壇の一つである大宰府観世音寺（福岡県）で具足戒を受けている。正治元年（一一九九）に入宋して禅・律・天台を学び、建暦元年（一二一一）在宋十二年で帰国し

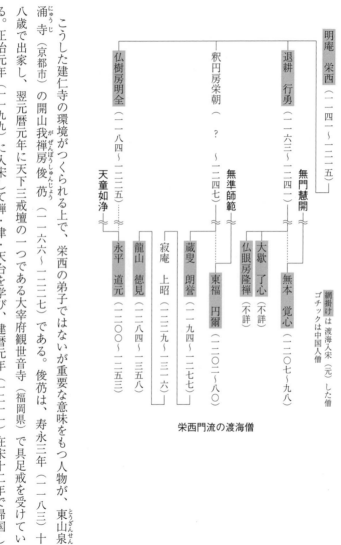

ている。建保六年（一二一八）宇都宮信房の帰依を受けて仙遊寺の伽藍を再興し、寺名を泉涌寺と改めて天台・密教・禅・律・浄土の五宗兼学の道場としている。泉涌寺は「御寺《みてら》」と呼ばれ、鎌倉時代の後堀河天皇・四条天皇、江戸時代の後水尾天皇以降幕末の孝明天皇に至る歴代天皇の陵墓がある皇室の菩提寺として知られている。

俊芿の伝記『不可棄法師伝《ふかきほっしでん》』によれば、建暦元年（一二一一）四月に帰国した俊芿を栄西が博多に迎え、その後、建仁寺で一年半にわたって律学や新来の知識を講じたと伝えられている（『続群書類従』九－上、五三頁）。両者の関係がいつ頃からのものかは不明であるが、俊芿が観世音寺で受戒した当時は、第二回入宋を控えた栄西が、今津誓願寺を拠点として九州で活動していた時期である。俊芿が入宋してまず天台山に登り、栄西と同じように石橋を渡り、羅漢に茶を供養していること、律宗を学ぶことが目的であったのに、さきに雪竇山《せっちょうざん》や径山《きんざん》（いずれも浙江省）といった禅院を訪れていることなどから、あくまで想像に過ぎないが、入宋前に栄西との交流があり、彼の地の情報を入手した可能性もあるのではないだろうか。一方、俊芿を建仁寺に招いた栄西の意図は、自分よりも後に入宋したからこそ、新たな情報や本格的な律学を、建仁寺の僧たちに講じてもらうことであったのは、明らかである。両者の交流を含めて、鎌倉初期には禅僧と律僧の交流が盛んであり、南宋仏教の将来という点でも、共通した目的意識があったと考えられる。泉涌寺には後に渡来した蘭渓道隆が滞在しているし、さらに南宋から帰国した道元や円爾が興聖寺・東福寺を開いており、あたかも東山から洛南にかけての地域が、日本への南宋仏教導入の拠点となった感がある。その意味でも、栄西はそうした動向の先駆けといえる。

右に挙げる系図は、栄西門流の入宋（元）僧を列挙したものである。

右の表において退耕行勇が入宋したとしているが、一般に知られている行勇の伝記史料には伝えられていず、真偽も明らかではない。行勇の弟子の入宋と併せて章を改めて検討する。

東大寺大勧進職

『元亨釈書』によると建永元年（一二〇六）九月、その年の六月五日に示寂した俊乗房重源の後任として東大寺《とうだいじ》大勧進職《だいかんじんしき》に任じられている（訓読『元亨釈書』三四頁）。治承四年（一一八一）十二月二十八日、平清盛の命によって南都が焼き討ちされ、東大寺・興福寺という日本を代表する寺院の堂塔が、ほとんど灰燼に帰してしまった。九条（藤原）兼実は日記『玉葉』の中で、「仏法・王法滅尽しおわるか」と述べ、藤原氏の氏寺である興福寺などの焼失を、天を仰ぎ地に伏して慟哭したとしている。しかし治承五年（一一八一）閏二月、清盛が亡くなると風向きが一変し、朝廷が東大寺復興に、藤原氏が興福寺復興に乗り出し、南都復興事業が開始された。そして治承五年六月二十五日、俊乗房重源が六十一歳の高齢ながら東大寺大勧進職に任ぜられる。勧進とは、僧侶による衆生救済のための布教活動の一つで、おもに寺院・仏像などの新造や修復・再建のための浄財の寄付を求めることをいう。歌舞伎の「勧進帳」は、源頼朝の怒りを買った義経一行が北陸を通って奥州へ逃げる際、加賀国安宅《あたか》の関（石川県小松市）で関守富樫左衛門に疑われ、武蔵坊弁慶がたまたま持っていた巻物を勧進帳として読み上げて難を逃れる話であるが、これがまさしく東大寺再建の勧進ということになっている。

『吾妻鏡』によると平家打倒のために挙兵した頼朝が、文治元年（一一八五）三月七日に南都の僧侶たちに宛てた書状に「右、当寺は、平家の乱逆に破滅され、ついに回禄の厄難に逢う。仏像は灰燼となり、僧徒は没亡に及ぶ。積悪の至り、比類少なきのものか（当寺〔東大寺〕は平家の悪逆によって破壊され、ついに回禄〔火の神〕の厄難、すなわち火災で燃え尽きてしまった。仏像は焼けて灰となり、多くの僧が亡くなってしまった。この上ない悪行であり、比べようのないものである）」（『国史大系・吾妻鏡』第一冊、一四一頁）と記しており、また建久六年（一一九五）三月十二日に行われた、大仏殿落慶供養に際しても「当伽藍は、安徳天皇の御宇、治承四年庚子十二月二十八日、平相国禅門の悪行により仏像は灰と化し、堂舎は燼を残し畢《おわ》る（この伽藍は、安徳天皇の御代《みよ》、治承四年〔一一八〇〕十二月二十八日に、相国〔太政大臣〕平清盛の悪行によって、仏像は焼けて灰となり、建物は燃えかすを残すだけになってしまった）」（『国史大系・吾妻鏡』第二冊、五三五頁）としており、明らかに南都焼き討ちを平家の悪行として、政権交代に利用しようとしている。その象徴的事業である東大寺復興に大勧進職として関わることは、必然的に朝廷や

東大寺

南都とも関係を深めることになる。ただしこのことが、天台山から将来した菩提樹を東大寺に移植したことと、関わりがあるか否かは不明である。

興味深いのは、栄西が第二代大勧進職となって以降、栄西門流の僧が継続して就任していることである。栄西の後任の第三代大勧進職は弟子の退耕行勇であり、第四代も栄西の弟子である一乗房円琳、第五代は行勇の弟子中納言法印隆禅、第七代が栄西の弟子玄琳房慶鑑、第八代が行勇の弟子般若房大歇了心、その後も栄西の法孫ともいえる円爾が第十代に就いている。そのうち栄西・隆禅・了心は確実に入宋しており、後に述べるように行勇も入宋した可能性がある。建仁寺が渡海入宋に関する情報を入手しやすい環境であることはすでに述べたが、それは言い換えれば、入宋経験者が多い建仁寺僧団の中で、中国の新しい建築に関する知識が集積されていたと見ることができるのではないだろうか。そして、栄西門流が朝廷・幕府の支援を背景として、東大寺大勧進職を歴任することで、南都にも足場を築いたことは間違いない。

『愚管抄』によれば、さらに二年後の承元二年（一二〇八）にも、雷火のために焼失した白河天皇建立の法勝寺（京都市）の九重塔の修復を命ぜられているが、これも入宋の経験とその手腕を買われたものである（『日本古典文学大系』八十六、二九六～二九七頁）。

3　栄西の二つの顔

大師号自薦

東大寺復興や法勝寺九重塔の修復の功績によって、栄西は建暦二年（一二一二）正月に法印に叙せられ、翌建保元年（一二一三）五月には権僧正となっている。ただ、この頃の栄西には批判的な記録が少なくない。とくに『愚管抄』によれば、「大師号なんど云さまあしき事さたありけるは慈円僧正申とどめてけり、なお僧正には成にけるなり（存命中の栄西に）大師号を賜わるなどというとんでもないことについては、慈円僧正が反対して沙汰やみとなった。ただし僧正にはなった）」（『日本古典文学大系』八十六、二九七頁）とあり、また藤原定家の『明月記』にも、

夜に入って少将来りて云ふ、今日、栄西、大師号を賜うべきの由、その聞えあり。また議定等あり、今日その事なし、云々。聞いて驚少なからず、存生の大師号、わが朝、先蹤なし、誰人か何ぞ議定せんや、勝事といふべし。先に僧正の聞えあり、その事止みてこの事あり、およそ筆端の及ぶ処にあらず。

〔現代語訳〕夜になって少将が来て、今日、栄西が大師号を賜るという噂が聞こえてきたという。また協議が行われたというが、今日は決定されなかった、とのことである。聞いて大変驚いた。と

いうのも、存命中に大師号を賜るなどということは、我が国に先例がないのだから、どうして協議しなければならないのか。（決定されなかったのは）たいへんよいことだ。先だっては僧正という話があったが、その話が立ち消えて、この話があるというのは、言語道断である。

とあり、栄西が自ら大師号を望んだことを非難している。また定家は、栄西がそのために贈物をしたとの噂を聞き、憤懣の意を漏らしている。このような史料による限り、栄西が権威に近づいて贈賄までして地位を望んだという、およそ禅僧らしくない権威主義者である、という印象を与え、栄西に対するマイナスイメージとなっている。

一方で『沙石集』には、天台・真言といった、いわゆる八宗体制の僧ではないにもかかわらず、僧正位に昇ったことについて、

故建仁寺の本願僧正栄西の流は、法々の是非揀擇《れんじゃく》なく、戒律をも学して威儀を守り、天台・真言・禅門ともに翫《もてあそ》ばる。念仏をもすすめられたり。遁世の身ながら、僧正になられけるに（中略）然ども末代の人の心、乞食法師とて、云かいなく思わん事を悲しみて、僧正になり出仕ありければ、世以てかろくせず。

（『日本古典文学大系』八十五、四五三頁）

〔現代語訳〕亡くなった建仁寺を開かれた栄西僧正の教えは、さまざまな教えを選り好みせず、戒律を守って（僧としての）威儀を整え、天台・真言や禅を自在に説かれた。念仏も勧められた。遁《とん》世僧《ぜそう》でありながら僧正になられたのは（中略）末代（仏法が理解されなくなった末世）の人が、（遁世僧が仏教本来の乞食《こつじき》修行しているのに）物乞い坊主などと、いわれなく貶《おとし》められていること悲しんで、僧正となって勤められたので、世間も軽んじなくなった。

と、禅僧に対する世間の評価を高からしめることが目的だったと弁護している。また続けて、

無下に長《たけ》ひきく（低く）おはしければ、出世にはゞかりありとて、はるかに年たけて後、行じて、長四寸たかくなりておわしけり。

（『日本古典文学大系』八十五、四五三頁）

〔現代語訳〕身長が低いことが出世の障害になると考え、年長となって後に（修法）を行じられた結果、身長が四寸高くなられた。

とあり、同じことを『元亨釈書』は、

西、少《わか》きとき形短《ひく》し。同学嘲《あざけ》りていわく「子《なんじ》才弁なりといえども、身体卑矮《ひわい》なり。稠人《ちゅうじん》の中、広衆の時、おそらくは人、子《なんじ》を貴《たっと》ばざらん」と。西、声に応じていわく「虞舜《ぐしゅん》赤県に王たり。晏《あん》嬰《えい》斉国に相たり。皆、未だ長《たけたか》きということを聞かず」と。同学羞じ渋る。西、一時に弁ずどいえども、心に実にこれを恥ず。すなわち受くる所の求聞持の法を以て、一百日を期して精祈す。始め壇に入る時、堂前の柱において身の長を刻む。期を過ぎて柱に倚《よ》れば、前より長きこと四寸余なり。

（訓読『元亨釈書』三三頁）

〔現代語訳〕栄西は若いときに身長が低かった。同学が馬鹿にして「君は優秀だけれど、身長が低い。大勢が集まったとき、周囲の人が敬意を表しないだろう」といった。栄西は反論して「虞王朝の舜は中国の王であり、晏嬰は斉国の宰相である。どちらも身長が高いとは聞いていない」といった。同学は恥ずかしく思って黙った。栄西は、一時反論したが、内心ではこれを恥じていた。そこで習った虚空蔵求聞持法を、百日間修した。最初に壇に入ったときに柱に身長を刻んだ。百日経過して柱に寄ってみると、四寸以上高くなっていた。

と伝えている。現在、各所に遺っている栄西の木像や画像を見ると、大変印象深い特徴がある。それは頭頂が四角く伸びていることである。実はこれが四寸余り伸びた結果であるとされている。また『出家大綱』には「日本に悪法あり、道心者の衣服、法衣・俗衣ともに麁悪を以て称して善しとなす

（日本には、信仰心が厚い人の衣服は、法衣にしても在家者の衣服にしても、粗末なものがよいという、間違った考え方がある）」（『栄西集』二九八頁）と述べており、ある意味で威儀を重んずる姿勢が顕著である。自らの経験に基づいて、禅を弘めるためには社会的地位を高めることも必要と考えたのかもしれない。

道元が語る栄西

右のような、地位や世間体を重視するというイメージとは逆に、道元の説示の記録である『正法眼蔵随聞記』三には、栄西の慈悲深さを伝える話がある。

示にいわく、故僧正（栄西）建仁寺におわせし時、ひとりの貧人、来たりて道《いい》ていわく、我が家、貧にして絶煙数日に及ぶ。夫婦子息両三人、餓死せんとす。慈悲をもてこれを救いたまえ、という。その時房中にすべて衣食財物等無かりき。思慮をめぐらすに計略尽きぬ。時に薬師の仏像を造らんとて、光の料に打ちのべたる銅《あかがね》、少分ありき。これを取りて自ら打ち折って、束《つか》円《ねまろ》めて、彼の貧客に与えていわく、これを以て食物をかへて餓えを塞ぐべし。彼の俗、悦《よろこん》で退出《まかりいで》ぬ。

門弟子等、歎じていわく、正しくこれ仏像の光なり。以て俗人に与う、仏物己用《ぶつもつこよう》の罪、如何。

道元

僧正、答えていわく、実《じっ》に然《しか》なり。ただし仏意を思うに、身肉手足を分って、衆生に施すべし。現に餓死すべき衆生には、たとい全躰を以て与うとも、仏意にかなうべし。また我れ、此の罪によって、たとい悪趣に堕すべくとも、ただ衆生の餓えを救うべし、云々。先達の心中のたけ、今の学人も思うべし。忘るることなかれ。

（『道元禅師全集』第七巻、八四頁）

〔現代語訳〕示していわれた、亡くなった（栄西）僧正が建仁寺の住持であったとき、一人の貧しい人がやって来ていうには「我が家は貧しくて（調理の）煙も絶えて数日になります。夫婦と子どもの三人とも飢え死にしそうです。お慈悲をもってお救い下さい」とのことであった。そのとき（僧正の）身辺には与えられる物が何もなく、考えてみたが思慮も尽きた。そのとき薬師如来の像を造るために、光背の材料として準備していた銅が少しあった。これを（僧正が）自ら打ち折って、束ねてその貧しい人に与えていわれた、これで食べ物を買って飢えをしのぎなさい。その人は喜んで帰って行った。

門弟たちが「これは大切な仏像の光背です。それを在俗のひとに与えるというのは、寺院公用のものを勝手に使うという罪にならないでしょうか」といった。

僧正は答えていわれた「その通りである。ただ仏陀の教えを考えると、自分の肉体を裂いてでも衆生には（慈悲を）施すべきである。目の前に餓死しそうな人がいたら、たとえ全体を与えてしまったとしても、仏法にはかなうはずだ。また私がこの罪によって、たとえ地獄に落ちるとしても、それでも衆生の餓えを救わなければならない」といわれた。

すぐれた先人の思われるところを、今の修行僧も見習うべきで、忘れてはならない。

救いを求める飢えた人に仏像の光背を造るための銅を分け与え、それを批判した弟子に対して、たとえ地獄に落ちても衆生の餓えを救わなければならない、と諭している。

また『正法眼蔵随聞記』二には、

宋土の寺院なんどには、すべて雑談《ぞうだん》をせざれば、左右《そう》に及ばず。我国も近ごろ建仁寺の僧正（栄西）存生の時は、一向あからさまにもかくの如きの言語《ごんご》、出で来たらず。滅後も、在世の門弟子等、少々残り留まりし時は、一切に言わざりき。近ごろ七八年より以来《このかた》、今出の若人たち、時々談ずるなり。存外の次第なり。

（『道元禅師全集』第七巻、七八頁）

〔現代語訳〕宋国の寺院などでは、まったく雑談などはしないから、問題にはならない。わが国も建仁寺の（栄西）僧正がご存命の時は、まったく、かりそめにも、そのように雑談することはなかった。亡くなった後でも、直接教えを受けた弟子たちが残っていたころは、（雑談などは）まったくなかった。近ごろ、七〜八年くらい前からになると、いま時の若い人たちは、時々雑談している。とんでもないことである。

とあり、栄西が住持であった頃の建仁寺は、その教えが行き届いており、厳格な持戒持律の修行生活を実践していたことを紹介しており、こうした記録からも、栄西が単なる権力志向の人ではなかったことは明らかである。一方では厳格な修行生活を実践するとともに、困窮する俗人に対しては慈悲をもって接し、他方比叡山などから批判を受けた経験にもとづき、禅宗ないし禅僧の社会的地位を向上させる努力をも忘れなかった、と理解すべきではないだろうか。

第六章　三代将軍実朝と茶祖栄西

1　実朝との交流

栄西との法談

『吾妻鏡』元久元年（一二〇四）二月二十八日には、征夷大将軍源実朝（一一九二～一二一九）が、逆修供養（自分に対する生前供養）を行い寿福寺方丈が勤めたとある（『国史大系・吾妻鏡』第二冊、六一七頁）。これが栄西と実朝が直接関わった最初と思われる。ただこの時期の栄西は、建仁寺の伽藍建築に追われており、都に居たのではないかという指摘もある。しかし、同年十二月十八日の政子の七観音図供養は、「寿福寺方丈葉上坊」が導師を勤めており、「将軍家、御結縁のために渡御す」とある（『国史大系・吾妻鏡』第二冊六二二頁）ので、この前後の時期、栄西は京と鎌倉を頻繁に往復していた可能性があり、実朝の逆修供養の導師は、やはり栄西であったとも考えられる。

続く元久二年三月一日には、

将軍家、寿福寺方丈ならびに若宮別当坊に渡御し、あるいは法文を談じ、あるいは蹴鞠《けまり》を翫《もてあそ》ばしむ。（傍点、筆者）

（『国史大系・吾妻鏡』第二冊、六二四頁）

とあり、実朝が栄西と法談したと記されている。当時の幕府の状況を考えると、元久元年以前に関わりがあったとは考えにくく、この元久二年の記事が両者の本格的な面談の最初ではないかと思われる。このとき実朝は十四歳、栄西は六十五歳であるが、次第に両者の関係は親密の度合いを増していく。栄西と実朝の母北条政子との関係でも触れたが、栄西と実朝の交流を示す『吾妻鏡』の記事を列挙すると、

源実朝

承元四年（一二一〇）　九月二十五日　御本尊五字文殊像、さらに供養を遂げらる。導師寿福寺方丈。
この儀五十度行ぜらるべきの由、御願あり

建暦元年（一二一一）　七月　十五日　将軍家、寿福寺に御参あり。御仏事の後、方丈において、法談に及ぶ

十月　十九日　永福寺において、宋版一切経五千余巻を供養せらる。曼荼羅

供、大阿闍梨葉上坊律師栄西、讃衆三十口、題名僧百口なり。
将軍家（御車にて）御出ます

十月二十二日　伊賀守朝光、永福寺の傍に一梵一宇を建立す。今日、供養を遂げらる。導師葉上房律師

十二月二十五日　御持仏堂において例の文殊供養あり。導師葉上房律師栄西なり

十二月二十八日　将軍家、明年太一《たいいつ》定分の御厄に相当たる。今日、御祈などを行ぜらる。葉上房律師栄西・定豪法橋・隆宣法橋等、これに奉仕す

二年（一二一二）六月　二十日　将軍家、寿福寺に渡御す。方丈の手より仏舎利を相伝せしめ給う

建保二年（一二一四）二月　四日　将軍家、いささか御病悩す。諸人、奔走す。ただし殊なる御《おん》事《こと》なし。これ若《も》しくは去る夜、御淵酔（深酔い）の余気か。ここに葉上僧正、御加持するのところ、この事を聞きて、良薬と称して本寺より茶一盞を召し進め、一巻の書を相副え、これを献ぜしむ。茶徳を誉むる所の書なり。将軍家、御感悦に及ぶと、云々。去る月の比《ころ》、坐禅の余暇、この抄を書き出

すの由、これを申す
六月　三日　実朝に命ぜられて雨を祈る
七月　一日　頼朝供養のために実朝が建立した大倉大慈寺供養導師を命ぜらる
七月二十七日　大慈寺供養導師
十月　十五日　大慈寺で舎利会を行ず

右に見るように、建仁三年（一二〇三）九月七日に征夷大将軍の宣下を受けた実朝が、その翌年には「寿福寺方丈」と関わっているが、十四歳という年齢を考えると、実朝自身の主体的な意志として、積極的に栄西と関係を持ったというよりは、やはりそれまでの母政子の栄西に対する帰依が、その前提となっていると見るべきだと考えられる。それにしても、実朝が多くの仏事法要を行っており、多くの社寺、多くの僧侶に関わっていることは間違いなく、栄西一人を偏重したという訳ではない。ただ、元久二年や建暦元年の条にあるように、「法談」を交わしたというのは、栄西以外には見られない。

十四歳の実朝に対して六十五歳の栄西が、どのような法談をしたのかは明らかではないが、しばしば指摘されるのは、実朝の和歌集である『金槐和歌集』に、仏教的教養を示すような歌が含まれていることである。もっとも、勝長寿院や永福寺での歌がある一方で、寿福寺で詠んだ歌は見当たらない。

また、これまで見てきたように、栄西が鎌倉幕府関係で勤めた法要には、禅関係のものは全く見られない。『吾妻鏡』建保二年四月十八日の条を見ると、

御所において、大倉新御堂供養のこと、評議を経らる。（中略）供養導師、京都の高僧を召請せらるべきの由、御気色あり。しかるに広元朝臣・行村・義信など、勝長寿院已下の伽藍供養の日、三井寺・醍醐の碩徳を請わるるの時、往還の間、多く以て万民の煩いなり。すこぶる作善の本意にあらず。今度《このたび》においては、関東止住の僧侶を用いらるるの条、一《いっ》に徳政たるべきの由、しきりに以てこれを申す云々。

（『国史大系・吾妻鏡』第二冊、七一〇頁）

〔現代語訳〕幕府において大倉新御堂（大慈寺）供養のことが評議された。（中略）供養導師については、都のしかるべき高僧を招きたいという御意向があった。しかし大江広元や諸臣が「勝長寿院などの伽藍供養の際に、三井寺・醍醐寺などの高僧を招いて、都との往復に費用がかかって負担となった。これは作善の意味に反するともいえる。今回は関東に在住している僧侶に依頼されることが、万民のための判断です」と、しきりに申し上げた。

とあり、七月一日の供養導師を栄西が勤める直前に、このような協議が幕府で行われたということ

は、もともと実朝が依頼したかったのは、この時期しばしば鎌倉に下向して法要の導師を勤め、また北条政子の願いで、のちに実朝を襲撃する頼家の遺児公暁を、弟子として預かった三井寺園城寺の公胤（一一四五〜一二一六）のような人物だったのを、家臣に諫められたので代わりに依頼した「関東止住の僧侶」が、栄西であったということである。言い換えれば、栄西が導師の筆頭候補だったのではなく、やむを得ず選ばれた結果だったといえる。

大陸への憧れと栄西

では、実朝と栄西を結びつけたのは、どのような要因であったのだろうか。前章でも少し触れたが、政子や頼家・実朝の栄西に対する関心の一つが、飲茶《いんちゃ》を含めた南宋の生活文化であったということが指摘されている。その意味では、『吾妻鏡』建保二年（一二一四）二月四日の記事が、それを示すものであるといえる。すなわち、実朝が前夜の深酒で体調を崩した際に、栄西が回復のための加持を修するとともに、良薬だといって一杯のお茶を勧め、さらに茶の効用を説いた一書を献上したというものである。実朝が非常に喜んだことに続けて、栄西が先月、坐禅の余暇にこの書を著したことを申し上げたとしている。ある意味で実朝と栄西の間で、「坐禅」の語が交わされた唯一の場面である。そして、この「一巻の書」こそが、今日に『喫茶養生記』として伝えられている撰述とされるのである。ただし、寿福寺所蔵の初治本『喫茶養生記』の跋文には「承元五年（一二一一）辛未正月三日、無言行法の次いで、自ら筆を染め謹んでこれを書す　権律師法橋上人位栄西」とあり、坐禅の文字は見られない。

もう一つ、源実朝という人物が語られるとき、しばしばいわれるのは、大陸への憧れと、実際に渡

宋を計画したということである。栄西が示寂した後のことになるが、『吾妻鏡』建保四年（一二一六）六月八日の条に、

陳《ちん》和《な》卿《けい》参着す。これ東大寺大仏を造るの宋人なり。かの寺の供養の日、右大将家（頼朝）結縁したもうの次いで、対面を遂げらるべきの由、しきりに以て命ぜらるといえども、和卿いわく、貴客は多く人命を断たしめたもうの間、罪業ただ重し。あい遇う奉るに憚《はばか》りあり、云々。すなわち遂に謁し申さず。しかるに、当将軍家においては、権化の再誕なり。恩顔を拝せんがために参上を企つるの由、これを申す（以下略）。

（『国史大系・吾妻鏡』第二冊、七二二頁）

〔現代語訳〕陳和卿が（鎌倉に）到着した。東大寺大仏を修復した宋人である。東大寺の再興供養の日、将軍頼朝が参列された際、対面したいと命ぜられたものの、和卿は「あなたは（源平の争乱で）多くの命を奪われ、重い罪業を負われているので、お会いしたくありません」と申し上げ、ついに対面しなかった。ところが「いまの将軍家（実朝）は、尊い方の生まれ変わりであります。御尊顔を拝するために鎌倉に来ることを計画致しました」と申し上げた。

さらに十五日の条に、

和卿を御所に召して、御対面あり。和卿、三反《みたび》拝し奉る。すこぶる涕泣す。将軍家、その礼を憚り給うのところ、和卿申していう、貴客は昔、宋朝の医王山長老たり。時に吾、その門弟に列す、云々。このこと、去る建暦元年（一二一一）六月三日丑の尅、将軍家、御寝《おやすみ》の際、高僧一人御夢の中に入り、この趣《おもむき》を告げ奉る。しかるに御夢想のこと、あえて以て御詞《おことば》に出だされずのところ、六か年に及んで、忽ちに和卿の申状と符合す。よって御信仰の外、他事なし、云々。

（『国史大系・吾妻鏡』第二冊、七二二頁）

〔現代語訳〕和卿を御所に召して対面した。三度目の対面である。（和卿が）激しく泣き出したので実朝がいぶかしんでいると、和卿が「あなたは昔、中国の医王山阿育王寺の住職で、そのとき私は弟子の一人でした」と申し上げた。このことについては、建暦元年六月三日の真夜中、実朝が眠っているときに、一人の高僧が夢の中に現れて、同じことを告げた。しかし夢のことは、あえて口には出されなかったが、六年後に和卿のことばと符合した。これによって（和卿に対する）信頼が深まった。

とある。歴史上の人物の伝記史料には、この類いの霊験譚《れいげんたん》がしばしば見られるが、実朝の場合は和卿の話との符合を不思議がるだけではなく、自ら前世の居所を訪れたいと望んだようで、同年十一月二十四日条に、将軍家、先生《せんしょう》の御住所医王山を拝し奉らんがために、渡唐せしめおわすべきの由、思《おぼ》しめし立つるにより、唐船を修造するべきの由、宋人和卿に仰せつく。また扈従《こじゅう》の人、六十余輩を定められ、朝光これを奉行す。相州・奥州しきりに以てこれを諫め申さるといえども、御許容する能《あた》わず、造船の沙汰に及ぶ、云々。

（『国史大系・吾妻鏡』第二冊、七二六頁）

〔現代語訳〕将軍（実朝）は、前世に住んでいた医王山阿育王寺に詣でるために、中国に行こうと思い立たれて、そのための船を建造するよう和卿に命じた。また従者六十人を選び、伊賀朝光に統括させた。相模守《さがみのかみ》（北条義時）や陸奥守《むつのかみ》（大江広元）はしきりに思い止まるよう説得したが、聞き入れられず、造船の命令が下された。

結局、周囲の反対を押し切って、実朝は船を建造して由比ヶ浜に浮かべるが失敗、船は浜で朽ち果てたとされる。

前に挙げた建暦二年（一二一二）六月二十日の記事にあるように、かつて実朝は寿福寺に渡御した際に、栄西から仏舎利を授けられたとあるが、円覚寺（鎌倉市）舎利殿に奉安される仏舎利は、実朝が南宋から将来したものとされており、阿育王寺との関連からも、仏舎利に対する憧憬《しょうけい》が強かった可能性が高い。また鎌倉幕府の御家人葛山景倫《かつやまかげとも》は、実朝に命ぜられて渡宋しようとしたが、実朝が暗殺されたことを聞いて出家して願性《がんしょう》と名乗り、実朝の菩提を弔うために西方寺《さいほうじ》（和歌山県由良町）を建立する。法燈国師無本覚心は、栄西の弟子退耕行勇に長く参じた後に入宋し、帰国後に親交のあった願性に請われて開山となるが、この西方寺が、臨済宗法燈派の拠点となった現在の鷲峰山興国寺《じゅほうざんこうこくじ》である。

いずれにしても、実朝が中国に対して強い憧憬を抱いていたことは間違いなく、和卿との霊験譚はともあれ、現実の面では、二度の入宋を経験した栄西との関係が大きく影響していると考えられるし、その一環が飲茶《いんちゃ》の推奨であり『喫茶養生記』の献上であったといえる。

2　宋代禅宗と飲茶

茶祖栄西

「茶祖栄西」という表現は、かなり一般化しているといってよい。言い換えれば、お茶そのものを日本に持ち込んだのが栄西である、と見なされていることが多い。しかし、茶に関する記録は平安期から見られるのであり、早くは『日本後紀』弘仁六年（八一五）四月に、嵯峨天皇に大僧都永忠が自ら煎じて献上したとあり、さらに六月には、畿内（都の周辺）・近江・丹波・播磨に植えられた茶が、毎年献上されたとある（『国史大系・日本後紀』一三二～一三三頁）。その後も貴族の日記などにもたびたび見られ、栄西の当時までに茶は日本社会に受容されていたのである。

栄西が建久二年（一一九一）に帰国したときに茶種を持ち帰り、それを植えたのが肥前（佐賀県神埼市）と筑前（福岡県早良区）の境界にある脊振山《せぶりさん》であるという伝説は、広い範囲で信じられており、特に地元吉野ヶ里町には「日本茶樹栽培発祥の地」の看板が掲げられ、実際に種を蒔いたのが江戸時代まであった霊仙寺であるとして、霊仙寺跡には栄西の石像が鎮座し、「日本最初之茶樹栽培地」の石碑が建てられている。

「鳥獣戯画」で有名な栂尾高山寺（京都市）を開いた明恵上人高弁（一一七三〜一二三二）の伝記である『明恵上人伝記』には、

建仁寺の長老より茶を進《まいら》せけるを、医師にこれを問い給うに、茶は困《つかれ》を遣《や》り、食気を消して快からしむる徳あり。然れども本朝に普《あまね》からざる由申しければ、その実を尋ねて両三本植え初めけり。まことに眠りをさまし、気をはらす徳あれば、衆僧に服せしめられき。あるいは人語り伝えていわく、建仁寺の僧正御房、大唐国より持ちて渡り給ひける茶の子を進せられけるを、植えそだてられける、云々。

（『明恵上人伝記』講談社学術文庫）

〔現代語訳〕建仁寺の長老（栄西）から茶を進呈されて、医師に尋ねたところ「茶は疲れを癒やし、満腹感をしずめてすっきりさせる効果があるが、我が国にはあまり広まっていない」というので、その実を入手して三本ばかり植えた。実際に眠気をさまし気分を晴れやかにする効果があるので、修行僧に飲ませた。ある人がいうには「建仁寺の僧正が、中国から持ち帰られた茶の実を戴いたのを、植え育てたのだ」とのことである。

と記されており、明恵上人が栄西から譲り受けた茶種を植えたものが、一般に品質が高いとされる「栂尾茶」であるという由来を語ったものと思われる。茶の産地などを当てて勝敗を競う「闘茶」といわれる遊びは、もともと栂尾茶を本茶それ以外の産地のものを非茶として、本茶と非茶を区別する遊びだったという。さらに高級茶として知られる宇治茶は、栂尾茶を移植したものとされている。実際に栄西が茶種を持ち帰ったかどうかは、必ずしも明らかではないが、こうした言い伝えが広まっている現状から考えて、事実であるといってよいかもしれない。宋朝の禅院で自給のために茶が栽培されていたことからも、大いにあり得ることである。

当然のことであるが中国では、唐代には飲茶の習慣が盛んになっており、いわゆる茶書として著名な陸羽の『茶経』(七六〇年頃)や蔡襄の『茶録』などが著され、飲茶の方法や茶の製法はもちろん、産地などについても詳しく述べられている。また医学的効用についても、怒りを除くにはには酒がよく、眠気を払うには茶を飲むとよいことが、『茶経』に記されている。今日の日本では、ペットボトルに入ったお茶しか知らない人が多くなったが、もともと一般的な方法であった急須《きゅうす》の茶葉にお湯を注いで注出したり、茶瓶で沸かしたお湯に茶葉を入れる方法などの淹《い》れ方についても、早い時期から見られたようである。また現在の茶道の飲み方である、茶葉を粉末に碾《ひ》いて湯を注ぎ、茶筅《ちゃせん》で溶かす方法も、宋代には浙江地方などで行われるようになっていた。栄西の中国における行動範囲が、まさしく浙江地方であることからすれば、当然この飲み方、すなわち抹茶にお湯を注いで茶筅で溶かす、現在の茶道と同じ飲み方を実見したはずである。

禅宗の清規と飲茶

栄西が二度目に入宋した際、天台山万年寺・天童山景徳寺において、虚菴懐敞の指導のもと、禅院の修行生活を体験したことは、その経歴から見て間違いない。禅院の修行生活は、インドの僧伽《さんが》における律とは別に、清規《しんぎ》という禅院独自の規矩に基づいていたとされる。唐代には百丈《ひゃくじょう》懐海《えかい》（七四九～八一四）の『百丈清規』が定められたが、栄西が入宋した宋代には『禅《ぜん》苑清規《ねんしんぎ》』（一一〇三年成立）が依用されており、日本禅宗にも強い影響を与えた。栄西自身も『興禅護国論』の中で、再三にわたって『禅苑清規』引用し、自らが戒律を重視することの重要な典拠としている。禅院の清規をみても、飲茶の習慣が広まっていたことが明らかである。一つには眠気を払うという薬効を期待したものが、清規の中で厳格な儀礼として定着していったと思われ、『禅苑清規』には法要や行事、あるいは役職の任免などの際に、必ず「茶礼《されい》」を行うよう定められていた。こうした禅院生活を体験した栄西が、宋朝禅を日本に伝える中で茶礼を重視し紹介したことも、当然のことと考えられる。禅宗を伝えた栄西は、教えとしての禅を広めるとともに、建仁寺において厳格な修行生活をしていたことが知られている。その延長として、自らが体験した宋朝の生活文化を、政子や頼家、そして誰よりも実朝に語ったと考えられ、栄西に対する彼らの帰依が、このような大陸伝来の文化に対する関心が、その背景となっていたと考えられる。

お茶に関係する語句として「喫茶去《きっさこ》」は、すでに市民権を得ているといってもよいだろう。茶席の掛け軸に掲げられていたり、ときに喫茶店のコースターに印刷されたりもしている。この語は、臨済宗の公案として有名な「無字」で知られる、唐代の禅僧趙州従諗《じょうしゅうじゅうしん》（七七八〜八九七）の語である。一般には「まぁ肩の力を抜いて、お茶でも飲みなさい」と理解され、だからこそ喫茶店でも使用されるのであるが、もともとの意味は「茶でも飲んで出直してきなさい」と、修行僧の覚醒を促すような強い語気なのである。

また今日の茶道において茶碗が重視され、中には文化財としての価値を認められたものもあるが、中国の茶書においても茶盞《ちゃさん》、つまり茶碗をきわめて重視しており、見ようによっては、茶道において釜や茶碗あるいは茶杓や茶筅など、茶器に作者や使用者といった歴史的な付加価値を見るのも、中国以来の伝統なのかもしれない。茶碗といえば、国宝に指定されている「曜変天目」が有名な、いわゆる天目茶碗も中国から伝えられたものである。もと天目山（浙江省）の禅院で常用されていたもので、天目台に乗せられて儀礼用に用いられたと考えられ、宋代の禅院で仏前に供えたり茶礼にも使われ、その伝統が日本の禅宗寺院の仏具にも反映しており、現代でも大切な客人に茶を提供する際に用いられている。

建仁寺における茶会

栄西が開いた建仁寺においては、きわめて特徴的な茶会が行われている。四月二十日、栄西の誕生を祝い遺徳を偲ぶ行事として行われる「四頭《よつがしら》茶会」である。四頭とは四人の正客《しょうきゃく》のことであり、それに随伴する各八名の相伴《しょうばん》客の計三十六名に、抹茶と菓子が出される茶会である。正面に栄西の頂相《ちんぞう》（肖像画）と、左右に龍虎図が掛けられた部屋に「コ」の字形に着座し、侍香《じこう》と呼ばれる僧が栄西の頂相の前で焼香をすると、供給《くきゅう》役によって蒟蒻《こんにゃく》の煮付と紅白の紋菓子をのせた縁高《ふちだか》と、あらかじめ抹茶の入った天目茶碗が天目台にのせられて配られる。全員に配られたら、一斉に一礼して縁高の菓子を食べる。つぎに供給は左手の浄瓶《じんびん》で客の差し出す茶碗に湯を注ぎ、右手の茶筅で茶を点《た》て、全員の茶が点てられたら、また一礼して一斉に茶を喫する。この間、ことばが発せられることのない静寂のなかで、すべての手順が動作による指示で進められる、きわめて厳粛な茶席である。現在は一般に公開され、申し込めば参加可能な行事であるが、おそらくこの四頭茶会の形式こそが、栄西が伝えた宋朝の禅院の茶礼を原型として、ながく受け継がれてきたものなのであろう。

3 『喫茶養生記』の所説

実朝と『喫茶養生記』

『吾妻鏡』建保二年（一二一四）二月四日には、病悩の将軍実朝に対し、栄西が茶を勧めるとともに、自ら著した茶の徳を説いた書物を献じたとあり、これが『喫茶養生記』であるとされる。承元五年（一二一一）正月の跋文が付された初治本（寿福寺・香川県多和文庫所蔵）と、実朝に献じる前月、建保二年正月の跋文を有する再治本（建仁寺両足院・東京大学史料編纂所など所蔵）がある。ただし栄西自筆本は遺っていない。初治本については、多和文庫本は完本であるが、

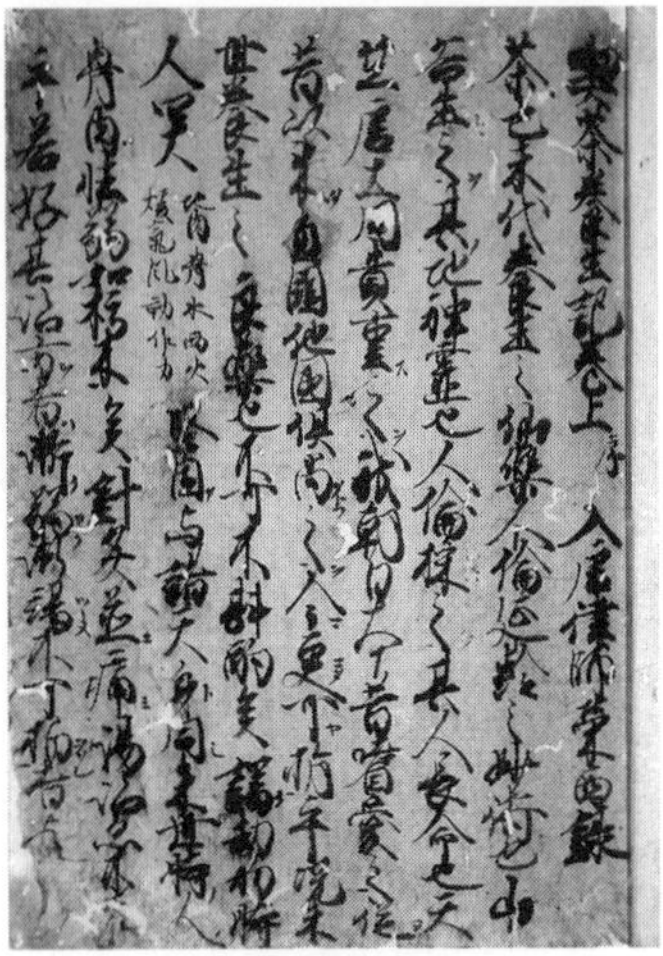

『喫茶養生記』

寿福寺本は下巻の六丁目が欠けている。いわゆる和綴じ、つまり一枚の紙を二つ折りして綴じる袋綴じで、一丁が二頁分になる。したがって『茶道古典全集』に収録された『喫茶養生記』は、寿福寺本の欠落部分を多和文庫本で補っている。その後、その欠落していた一丁を軸装（掛け軸に仕立てる）したものを、個人が所蔵していることが判明し、寿福寺本の全体が確認された。初治本と再治本の本文にも違いがあり、また何種類かの木版本も残っている。体裁の違いなども含めて、書誌的な問題点も少なくないが、本書では割愛する。

初治本・再治本のいずれの序にも「二門を立てる」とあり、上巻が「第一　五臓和合門」で下巻が「第二　遺除鬼魅門」となっている。上巻には茶の効用が述べられているが、下巻は桑の効用についてである。『吾妻鏡』には「茶徳を誉むる所の書」とあり、あたかも茶の効用だけを薦めているかのようであり、実朝に献上した一巻の中に、桑のことも含まれていたのかどうかという点に疑問が残る。また前項で述べたように、栄西の茶に対するこだわりは、間違いなく宋朝の禅院の飲茶の習慣に基づくものであるにもかかわらず、後に見るように『喫茶養生記』の所説は密教の典籍をおもな典拠としており、禅あるいは禅宗はいうに及ばず、宋地での具体的な茶礼などへの言及が、まったく見られな

い。ただ下巻の末尾にある、全体を総括した文には、

已上《いじょう》、末世養生の記、仏の加被《かひ》を蒙《こうむ》り、一々に記録し畢《おわ》る。これ唯《た》だ、大国の口伝《くでん》に依りて、自由の情にあらず。

〔現代語訳〕以上、教えが衰えた末世の養生法をまとめたこの書は、仏陀の御加護によって一々を記録したものである。内容はすべて大国（宋）で伝えられてきたことに基づくもので、勝手な解釈を述べたものではない。

とあり、栄西自身の中国での見聞をもとに撰述したという点を強調している。実朝への『喫茶養生記』献上と、実際の撰述過程をめぐる詳しい事情は、現時点では明らかではない。あるいは、当時の鎌倉幕府が必ずしも安定的な状況ではなかったこと、政子や実朝の関心が宋朝の文化にあったとしても、栄西が伝えた禅宗に対しては、あまり直接的な関心を持っていなかったと考えられることも、関連しているかも知れない。

『喫茶養生記』と密教

『喫茶養生記』は、上巻「第一　五臓和合門」下巻「第二　遺除鬼魅門」で構成されている。序文に「茶は末代養生の仙薬、人倫延齢の妙術なり（茶は末代における健康の妙薬であり、人の寿命を延ばすよい方法である）」と述べており、やはり全体としては茶の効用を薦《すす》め

るものである。さらに「その養生の術を示すに、五臓を安んずべし。五臓のうち、心臓を王とするか」とある。五臓とは「肝臓・心臓・肺臓・脾臓・腎臓」であり、中でも心臓がもっとも重要であるとしている。前述したように『喫茶養生記』の記述は、全く禅に触れることがないが、一方でおもに論拠としているのが、『尊勝陀羅尼破地獄儀軌秘鈔《そんしょうだらにはじごくぎきひしょう》』、『五臓曼荼羅儀軌鈔《ごぞうまんだらぎきしょう》』、『大元帥大将儀軌秘鈔《だいげんすいたいしょうぎきひしょう》』といった、明らかに密教関係の文献である。いずれも現在は所在不明の書物であるが、少なくとも引用文献の点から見る限り、『喫茶養生記』の所説は密教思想に基づいているといわなければならない。

上巻の冒頭で『尊勝陀羅尼破地獄儀軌秘鈔』をひいて、「一に肝臓は酸味を好み、二に肺臓は辛味を好み、三に心臓は苦みを好み、四に脾臓は甘味を好み、五に腎臓は鹹《かん》味を好む」と五臓をそれぞれ五味に相当し、続けて五行（木・火・金・土・水）や五方（東・南・西・中・北）など、さまざまな分類原理に五臓を配当しているが、その後にもう一度「心臓はこれ五臓の君子なり。茶はこれ味の上首なり、苦みはこれ諸味の上首なり。これによって心臓はこの味を愛す。この味をもってこの臓を建立せば、諸臓を安んずなり」と、大切な心臓のためには茶の苦みがよいことを、あらためて述べている。

下巻の「九、茶を喫する法」には、

白湯（ただ水を沸かすというなり）、きわめて熱きをもてこれを点服す。銭大の匙、二三匙、多少は意に随う。ただ、湯は少なきが好し、それもまた意に随う、云々。殊に濃きを以て美となす。

〔現代語訳〕「白湯《さゆ》（ただ水を沸かしたもの）、非常に熱い湯で茶を点てて飲む。小銭くらいの大きさの匙で二三杯、量は好みでよい。ただし、お湯は少ない方がよいが、それも好みである」とある。ことに（茶は）濃い方が美味である。

とある。「云々」とあるのは、そこまでが何かの書からの引用と考えられ、「二三匙」が抹茶の粉二三杯という意味だとすれば、まさしく抹茶にお湯を注いで茶筅で溶かす、現在の茶道と同じ飲み方であり、当時の浙江地方で行われていた飲み方である。そのあとの「殊に濃きを以て美となす」は、おそらく栄西の個人的な意見であろうから、栄西は濃い抹茶が美味、つまりは苦みの強い茶を好んでいたことになる。平安期の公卿の日記などには、しばしば茶の苦味をやわらげるために甘い葛《くず》を加える、という記録が見られるようである。だとすれば栄西は、薬効を重視して苦味そのものを味わうことを薦めるために、『喫茶養生記』を撰述したのかもしれない。

栄西を「茶祖」とする認識が一般化したことから、千利休によって大成される茶の湯、茶道との関係がいわれることがあるが、栄西の茶に対する認識はあくまで薬効を期待するものである。『喫茶養生記』の所説を見ても、茶の有する「酸・苦・辛・甘・鹹」の五味を、密教の教えにしたがって五行・五臓・五色・五感などに配分し、その効能を説いている。また下巻では、茶に代わるものとして桑の効能を説いている。こうした内容からしても、『喫茶養生記』を撰述したことを以て、栄西と茶道を結びつけるのは無理がある。強いていうならば、抹茶に湯を注いで茶筅で溶かして飲むという、現在の茶道における飲茶形式が栄西によってもたらされ、北条氏や鎌倉幕府関係者を中心とする武家社会に広まったということではないだろうか。栄西という人物を考察する上で重要なのは、第二回入宋からの帰国以後、撰述から影を潜めていた密教色が、最晩年の撰述になって現れていることである。これまでに、禅を伝えた後も密教を棄てた訳ではないことを述べてきたが、そのことが『喫茶養生記』の内容からも窺えるのである。

第七章　栄西の示寂とその門流

1　栄西の示寂

六月五日説と七月五日説

栄西の示寂が建保三年（一二一五）であることは、諸史料が共通して伝えるところであるが、示寂の日については二説ある。

鎌倉幕府の公的記録といえる『吾妻鏡』建保三年六月五日条には、

寿福寺長老、葉上僧正栄西入滅す。痢病によるなり。鎌倉中の諸人、群集す。遠江守、将軍家御使として、終焉《しゅうえん》の砌《みぎり》に莅《のぞ》む、云々

（『国史大系・吾妻鏡』第二冊、七一六頁）

とあり、寿福寺長老の栄西が病によって六月五日に示寂したと伝え、将軍の使いとして遠江守が立ち会ったとしている。鎌倉幕府に関するさまざまな記録を収録しており、とくに諸行事については諸役として参加した武将や僧侶なども、具体的な氏名が列挙されていることからすれば、一般的にいって『吾妻鏡』の記事はある程度信頼できるといってよい。

一方で『元亨釈書』には、

三年（一二一五）西、相州の亀谷に在って、寿福寺を営む。一日《いちじつ》、源僕射《ぼくしゃ》実朝を辞す。僕射いわく、師すでに老いて、寺いまだ成らず。何ぞ行を事とするや。対《こた》えていわく、我、王城に入って滅を取らんとするのみ。僕射いわく、至人の出没あに地を択《えら》ばんや。対えていわく、都人、初めて宗門を聞いて、疑信あい半ばなり。我、まさに末後の句を唱えて王都を顕煥すべし。すなわち駕に命じて京に帰る。夏、微疾を示す。六月、晦《みそか》の布薩の次《ついで》、衆に告げていわく、孟秋《もうしゅう》単五（七月五日）は吾が終わりなり。都下、喧《かまびす》しく伝えて宸扆《しんい》に至る。期に至りて、上《しょう》、中使を遣わして問候《もんこう》す。西、宮使に対えていわく、已《すで》に近し。しかれども姿儀壮健なり。諸弟子、傍《かたわ》らに聴いて潜《ひそか》に怕《お》ず。哺時《ほじ》に椅に坐して安祥にして逝く。中使、未だ宮に還らず、途《みち》において、路人の譁《かまびす》しく称するを聞く。瑞虹《ずいこう》を寺の上に見る。実《まこと》に七月五日なり。年七十五、臘《ろう》六十三。

（訓読『元亨釈書』三三五頁）

〔現代語訳〕建保三年、栄西は相模国の亀谷の寿福寺にいた。ある日、将軍実朝に暇《いとま》乞いを申し出た。実朝は「老師は高齢になられた上に、寺の伽藍も未完成である。どうしてお出かけになるのか」といった。栄西は「私は都に行って最後を迎えようと思う」と答えた。実朝は「徳の高い人は、どこで死んでもよいのではないか」といった。栄西は「都の人々は、初めて禅の教えを聞いて、まだ疑心暗鬼である。私は最後に渾身の一句を唱えて、都の人たちを刮目させようと思う」と答えた。そして乗り物を整えて都に帰った。夏に少し容態が悪くなった。六月三十日の布薩のときに、弟子たちに「孟秋（七月）五日が私の示寂の日である」といった。都の人たちが噂して朝廷にもそれが聞こえた。その日が来たので、御上（順徳天皇）が使いを遣わして、ようすを問うた。栄西は「もう間近です」と答えた。ところが姿は元気そうに見えた。弟子たちは傍で聞いていて内心（予告通りにならないことを）恐れた。晡時（午後四時）になって、椅子に坐ったまま安らかに遷化された。使いがまだ御所に帰る前に、道すがら人々がしきりに噂するのを聞き、寺の上にきれいな虹がかかっているのを見た。予告通り、七月五日だった。年齢は七十五歳。臘（出家してから）六十三年であった。

と、前後の経過を含めてそれなりに詳しく述べられている。つまり示寂を意識した栄西が、寿福寺の伽藍が未完成であるにもかかわらず、実朝に暇乞いをして、いまだ禅の教えを信じているとはいえない都の人々に、渾身の一句を説き聞かせるために都に戻る、と述べたというのである。さらに示寂の日を予告したものの、衰えた様子も見せないまま七月五日を迎え、椅子に坐ったまま安らかに示寂し、その際に建仁寺の上に虹がかかったと伝えている。

七月五日示寂説の有力な根拠となる史料として、宝慶元年（一二二五）八月九日虞樗《ぐちょ》の『日本国千光法師祠堂記』に、栄西示寂の十年後に弟子明全が天童山に来たり、師の忌日に衆僧に食事を供養したのが七月五日であるという記事が、大きな意味を持ってくる（『続群書類従』九‐上、二七三頁、『栄西禅宗集』四三六頁）。つまり、道元らを伴って入宋した明全が、師栄西が虚菴から嗣法した天童山において、報恩供養を修したというのであるから、忌日についてもそれなりに信憑性があると考えられる。

禅僧栄西の示寂

公的性格の強い『吾妻鏡』の記事は、きわめて簡略に六月五日に寿福寺で示寂したことのみを伝えている。それに対して栄西の基本的な伝記史料である『元亨釈書』は、七月五日に京で示寂したとし、鎌倉から京に戻った栄西自身の意図をも紹介している。

もう一つ『元亨釈書』の記事で注目すべきは、示寂の直前まで泰然としていたのが、椅子に坐したまま亡くなったとする点である。禅僧の最後のあるべき姿を「坐脱立亡《ざだつりゅうぼう》」という。つまり、いついかなる時に最後を迎えるとしても、清規にもとづいた修行生活を変わることなく送り、坐禅しているときならば坐脱し、托鉢しているときであれば立亡するというのである。禅僧の伝記には、たとえば最後の一句を求める弟子が筆を持たせても、日常の修行生活が自分の仏法の体現であるとして筆を投げ捨てて示寂したなどと、多くの僧が坐脱立亡する姿が伝えられている。いわば『元亨釈書』は、栄西が禅僧としての理想的な最後を迎えたことを伝えているのである。

栄西についての興味深いエピソードをいくつか伝えている『沙石集』は、

さてかの僧正、鎌倉の大臣殿に暇を申して「京に上りて臨終を仕《つかまつ》らん」と、申し給いければ、「御年《おんとし》したけて、御上洛煩わしく侍《はべ》り、何《いず》くにても御臨終あれかし」と、仰せられけれども、「遁世ひじりを、世間に賤しく思いあいて候《そうろう》時、往生して京童部《きょうわらんべ》にみせ候わん」とて、上洛して、六月晦日の説戒に、最後の説戒のよしありけり。七月四日、明日おわるべき由披露し、説戒目出たくし給いけり。人々最後の遺戒と思えり。公家より御使者ありけるに、客殿にして御返事申して、やがて端坐して化《け》し給いにけり。門徒の僧共は、よしなき披露かなと思いけるほどに、同じき五日、安然として化し給いけり。かたがた目出たかりれり。

（『日本古典文学大系』八十五、四五四頁）

と、ほぼ『元亨釈書』と同内容のことを伝えている。

以上に見てきたように栄西の示寂については、六月五日に鎌倉でという説と、七月五日に京でという二説があるが、前の説は『吾妻鏡』のみが伝えており、比較的簡略である。他の史料は後の説を伝えており、内容的にも詳しい。また、ある意味では禅僧の示寂としては典型的なパターンであるともいえる。七月五日は六月五日から一か月後であり、あるいはこの時間と場所の違いが、栄西の示寂に二説あることの意味かもしれない。つまり、六月五日鎌倉説は事実のみを簡単に記述し、七月五日京都説は禅僧としての最後の姿を描いている。どちらが史実であるかは別として、やはり『元亨釈書』は禅僧としての栄西像を強調しているということであろう。

最近になって確認された、興福寺（奈良市）大乗院門跡による『大乗院具注暦日記』の七月五日条裏書きに、「栄西、前権僧正葉上房、入滅し了《おわん》ぬ。臨終正念」（『別冊太陽』四八頁）とあり、どうやら南都でも栄西の示寂は七月五日と認識されていたようである。興福寺の記録に栄西の示寂が伝えられており、その最後が臨終正念（臨終に際して一心に阿弥陀仏を念じること）と称されるほど安らかだったということであるが、南都でも話題になったということは、やはり栄西が東大寺大勧進職を勤め、さらにその門流が大勧進職を継承していたことと無縁ではないと思われる。

2 栄西の弟子

栄西の直弟子

栄西に相当数の門弟がいたことは、関係史料を見ても間違いないが、多くは一般に名を知られていない。ただ、むしろ師と弟子という関係、禅宗でいうところの法嗣《はっす》（嗣法の弟子）という枠をはずしてみると、その影響はきわめて広範囲に及んでいるといえる。

退耕行勇（一一六三～一二四一）と釈円房栄朝（?～一二四七）は、栄西門下の双璧といってよい高弟である。また日本曹洞宗の宗祖とされる道元が建仁寺において参じたことが知られている明全（一一八四～一二二五）も、栄西の関係史料にはあまり登場しないが弟子である。また法系の上では中国の禅僧の法嗣《はっす》となったものの、孫弟子といってもよいほどに強い影響を受けた僧も少なくない。ところが、臨済宗建仁寺派はたしかに教団として存在しているが、臨済宗において栄西の法系が伝わっている訳ではないし、台密における葉上流も現存してはいない。日本の禅宗を語るときは、必ず栄西が「禅宗初祖」として名を挙げられる割に、弟子の退耕行勇・栄朝、あるいは明全といった人達が、話題になることは少ない。「入宋求法と建仁寺」の項でも触れたが、行勇が由良（和歌山県）興国寺開山の無本覚心に、栄朝が京都東福寺開山の円爾に、明全が道元にと、それぞれ後に日本禅宗史上の重要な存在となる人に、少なからず影響を与えたにもかかわらず、行勇・栄朝・明全自身の仏法とはどのようなものかということになると、史料が少なく、しかも断片的である。また三者ともにまとまった撰述が無いという点でも共通しており、十分な研究がなされているとはいえない。

明全は、道元が如浄に嗣法する以前の師として知られている。比叡山で出家した道元は、十八歳で本格的に叡山を離れ、三井寺園城寺の公胤（一一四五～一二一六）から中国に渡って禅宗を学ぶよう指示されたことが、伝記史料にある。建仁寺に赴いたのは、禅を学ぶというよりも、実際に入宋することが目的だったと考えられる。というのも、栄西の宗風についてはこれまでに述べてきた通りであるが、『三祖行業記』（『曹洞宗全書』史伝）や『伝光録』（『曹洞宗全書』宗源）など曹洞宗関係の史料に伝えられる明全の宗風は、まさしく栄西をそのまま受け継いだ密禅併修であったことが明らかである。道元が栄西と直接対面したかどうかは時間的に微妙である。『建撕記』（明州本）によれば、まだ叡山を離れる前にも、参学のために建仁寺に赴くことがあったようなので、そうした機会に栄西の説法の席に連なり、聴聞することはあったと思われる（河村孝道編『諸本対校・永平開山道元禅師行状建撕記』一〇頁）。建仁寺に赴いた十八歳のときは、栄西はすでに示寂した後である。道元の撰述には、どちらかといえば栄西に関するプラスイメージのエピソードが語られているが、現実に道元が一定時間、行動をともにしたのは明全であり、道元が語る栄西のエピソードは、ほとんど明全を通じて得たものと見てよいと思われる。明全は道元を伴なって入宋したものの、宝慶元年（一二二五）五月二十七日、天童山了然寮で示寂する。宋地で客死した明全は、必然的にそれ以降に伝えられる活動はない。若干の弟子がいたと思われるものの、道元以外に記録に残る活動をした者がないために、結果として明全は、道元との関わり以外で語られることがほとんどないが、前に紹介した宋の虞樗《ぐちょ》が宝慶元年（一二二五）に著した『千光法師祠堂記』が、天童山を訪れた明全が、栄西の忌日である七月五日に供養したと伝えている。

栄朝は、栄西の密禅併修という宗風を継承し、上州世良田長楽寺（群馬県太田市、現在は天台宗）の開山となって、多くの僧を接化した。世良田の地は、いわば中山道が関東平野に出たところで、いわゆる鎌倉街道によって寿福寺ともつながる土地であり、京から鎌倉に向かう道筋に位置するといえる。栄朝の門流はそれなりに栄え、法嗣に寿福寺四世の蔵叟朗誉《ぞうそうろうよ》（一一九四～一二七七）がおり、以下寂庵上昭（一二二九～一三一六）－龍山徳見（一二八四～一三五八）と次第して、室町期には多くの五山僧を輩出している。栄朝は、栄西の葉上流や蓮華流などの台密を受けているが、その法系は、入元した龍山徳見に至って純粋禅に変わったとされており、栄朝の密教的禅風は、むしろ参学の徒であった円爾に継承され、長楽寺にも聖一派の人がしばしば住している。承久三年（一二二一）長楽寺の開山となって以後、栄朝の活動の中心は長楽寺であったようで、師栄西が鎌倉・京・奈良をまたにかけて活動したのとは対照的である（尾崎喜左雄『上野長楽寺の研究』参照）。

行勇は、栄西が鎌倉に下向して以降、在世中はほとんどともに活動し、栄西開創の寺院を継承した。いわば栄西の宗風と活動、さらには僧団を相続したという意味において、栄西門流の中心となった人である。師栄西は鎌倉・京・奈良の三都にわたって活動したが、行勇の活動範囲は高野山にも及んでいる。法嗣に、禅宗の威儀を日本に伝えたとされる大歇了心《だいかつりょうしん》（不詳）がいるが、臨済宗法燈派の祖となる心地房無本覚心も、長く会下に在って影響を受けている。栄西の門流が、その後どのように展開するかについては、弟子行勇の事跡が大きな意味を持っていると考えられるので、次項で詳しく検討してみたい。

荘厳房退耕行勇

行勇の伝記は、江戸期の『延宝伝燈録』（『大日本仏教全書』一〇八）『本朝高僧伝』（『大日本仏教全書』一〇九）には立伝されているが、さほど詳しい伝記ではない。しかも、『元亨釈書』の栄西伝が、それなりの分量であるのに対し、行勇は立伝されていない。このように行実がけっして明らかではないことも、日本禅宗史研究において、あまり言及されてこなかった理由であろう。これまでに知られている史料で見れば、仁治二年（一二四一）七月五日七十九歳で示寂しているので、その誕生は長寛元年（一一六三）ということになる。初め玄信と称し、東寺任覚（一一一〇〜一一八一）に密教を学び、東大寺で登壇受戒して荘厳房行勇となった。十九歳で鎌倉鶴岡八幡宮の供僧となり、その後、鎌倉に下向した栄西に参随してその法嗣となり、栄西の後を承けて寿福寺や建仁寺に住するとともに、東大寺大勧進職にも就き、さらに高野山金剛三昧院の第一世にもなったというのが、右に挙げた史料が伝える事跡である。

ほかに行勇の伝記を伝える史料としては、僧伝類の典拠でもある『吾妻鏡』の該当箇所があるが、単独の行勇伝は確認されていなかった。ところが、鎌倉市教育委員会の市内文化財調査で、行勇を開山とする稲荷山浄妙寺（神奈川県鎌倉市）に『開山《かいさん》行状《ぎょうじょう》并《ならびに》足利霊符《あしかがれいふ》』の所蔵が確認され、その中に編年体と散文の二種の行勇伝が含まれていることが判明した（行勇伝の全文は『曹洞宗研究紀要』十九号を参照）。非常に興味深い記事を含んでいる一方で、大きな問題点をも抱えている史料である。例えば、編年体の行勇伝である「行勇禅師年考」は、その記述のほとんどを『吾妻鏡』と「当寺大過去牒」に拠っているが、『吾妻鏡』の本文と年記や名前が食い違っているもの、記事自体が『吾妻鏡』に見られないものが少なくない。ある意味では、史料の信憑性という点で致命的ともいえる。また重要な記事の典拠となっている「当寺大過去牒」も、散逸したものと思われ、所在が確認できない。ただ、重大な欠点があるとはいうものの、行勇という人物を考察する上で、たいへん興味深い記事があり、なお検討の余地が少なくないことを前提としつつ、以下に紹介しておきたい。

『開山行状并足利霊符』は表紙共五十八丁の袋綴写本で、本文初丁より第二十三丁までが「行勇禅師年考」と題された編年体の伝記である。長寛元年九月の誕生から仁治二年の示寂までを、前にも述べたように『吾妻鏡』と「当寺大過去牒」を典拠として綴っている。示寂について『延宝伝燈録』巻六（大日本仏教全書一〇八、一〇八頁）では、七月五・十五日、十月二十一日の諸説を挙げ、その地を東勝寺としているが、「行勇禅師年考」では七月十五日早朝に寿福寺で、としている。相模国酒匂（神奈川県）の人とする説もあるが、ここでは「京城藤家（京都の藤原氏）」に生まれるとし、嘉応元年（一一六九）父に連れられて仁和寺（京都市）の覚性（一一二九〜一一六九）に就いて出家し、玄信と安《あん》名《みょう》されたとしている。覚性は嘉応元年に示寂しているので、その直前、あるいは最後の弟子であったと思われる。その後、東寺（京都市）長者任覚に密教を学び、任覚が示寂する前年の治承三年（一一七九）、十七歳で東大寺戒壇院に登って具足戒を受け、荘厳房行勇となっている。治承四年（一一八〇）十月には伊豆に在ったようで、翌年（一一八一）九月二十六日には「鶴岡西谷慈月坊」に入り、十月六日付けで鶴岡八幡宮最勝講供僧に任じられている。行勇が鎌倉に下るに至る事情については明らかではないが、東寺任覚が治承四年に寂しているので、そのことと関係するのかもしれない。

行勇の入宋と栄西

『吾妻鏡』において行勇の名が最初に見られる記事は、正治元年（一一九九）四月二十三日、頼朝百箇日法要の導師を勤めるというものである（『国史大系・吾妻鏡』第二冊五五七頁）。しかし「行勇禅師年考」には、「当寺大過去牒」を典拠とする、きわめて重大な記事が収められている。元暦元年（一一八四）の条に、「過去牒に云く、春三月、朝公（頼朝）の命を奉じて、慈月坊を周防法眼有俊に付し、入宋して密頤を究む（仏法の奥義を究めた）」とあるものである。『延宝伝燈録』などに行勇が渡海入宋したという記録はなく、この記事の典拠も『吾妻鏡』ではなく「当寺大過去牒」であるために、現時点では他にこのことを傍証する史料はない。わずかに行勇の入宋を伝える史料として、横嶽山崇福寺《おうがくさんそうふくじ》（福岡市・臨済宗大徳寺派）所蔵『支竺桑名山諸寺記録』があり、「稲荷山浄妙寺」の項に開山行勇に関する私記として、「退耕禾上《おしょう》、道源と同じく入唐す、帰るに及んで舟洗海して逝く」とあり、昭和三十九年発行の『聖福寺史』（三七頁）にも、第五世行勇の行実に参考として述べられている。しかし、行勇は七十九歳まで存命しているので、「舟洗海して逝く（船が沈没して亡くなった）」とする点で、傍証史料としては採用できない。

文治四年（一一八八）条には、「過去牒に云く、秋八月、師宋より帰り直ちに鎌倉に入る。朝公（頼朝）渥遇《あくぐう》することますます厚し」とあり、あしかけ五年、在宋して帰国したことになるが、滞在中の具体的な行動は述べられていない。問題なのは、後に行勇の師となる栄西の二回目の在宋時期が、文治三年（一一八七）から建久二年（一一九一）までということである。行勇の入宋が事実であるならば、両者の在宋期間は一年間程度の重なりを持つことになる。もちろん、両者が宋地で出会うことがあったかどうかは、まったく不明である。きわめて不確かな根拠に基づくことではあるが、栄西と行勇との出会いということについての可能性として、検討の余地はあると思われる。

栄西が、建久五年（一一九四）大日房能忍とともに、京での弘法活動を停止された後、鎌倉に下向する事情については、第一回入宋の際、ともに帰国した俊乗房重源と、親幕府派であった九条兼実との関係など、これまで背景となる事情は論じられていたが、直接的な要因については明らかでなかった。あくまで仮定としてのことであるが、在宋中の行勇が栄西と接触しないまでも、お互いの名を聞き及ぶ程度のことはあったかも知れず、少なくとも同時期に在宋していた親近感があれば、鎌倉下向の要因の一つと見ることも可能であろう。ただし、建久二年（一一九一）条の「この年夏四月、西祖（栄西）天童虚菴の衣を伝えて帰朝し、相の亀谷に寓止す、師しばしばこれに謁し、ついに禅関を透る（この年の四月、栄西が天童山の虚菴懐敞の教えを伝えて帰国し、相模国（神奈川県）の亀谷に移り住んだ。行勇はしばしば栄西に参じて、ついに弟子となった）」という記事を見ても、鎌倉下向の具体的な事情は語られていない。とはいうものの、これらの記事は、史実であるかどうかは別として、行勇が入宋したということ、さらには宋地で両者が関わったことを前提としていると考えられる。

建久三年（一一九二）条には「東鑑（吾妻鏡）に云く、冬十一月、永福寺（二階堂の地に在り）造営の事畢んぬ。結構比類無し、栄西を請して供養導師と為し、師をして一世長老と為さしむ」とあるものの、肝心の『吾妻鏡』では、永福寺落慶法要の供養導師は「公顕」となっており（『国史大系・吾妻鏡』第二冊、四七五頁）、結果的にこの部分は、『開山行状并足利霊符』自体の信憑性に関わる部分となっている。実際に『吾妻鏡』に栄西が登場するのは、正治元年（一一九九）秋、政子を施主とした不動明王開眼供養の導師としてである（『国史大系・吾妻鏡』第二冊、五六〇頁）。あるいは右に述べたように、帰国後の早い時期に栄西が鎌倉に下向したとする記事との整合性という意味では、この記事に作為があるのかもしれない。

行勇は正治元年年四月二十三日、頼朝百箇日供養の導師を勤め（『国史大系・吾妻鏡』第二冊、五五七頁）、以後も栄西とともに幕府や北条氏関係の法要の導師を勤めていく。栄西より早く、鶴岡八幡宮の供僧として鎌倉に下向していることからも当然といえ、『吾妻鏡』に登場する回数だけでいえば栄西を上回っている。特に北条政子や頼家の嫡男の母若狭局《わかさのつぼね》、さらには実朝の正室坊門信子と、源氏三代の将軍の妻妾が落髪出家する際の戒師を勤めていることなども、鎌倉幕府と行勇の強いつながりを思わせ、むしろ栄西を通じてというよりは、行勇自身が鎌倉における宗教者としての立場を確保していたと考えられる。現時点では『吾妻鏡』と「行勇禅師年考」の記事における齟齬という問題は残るものの、栄西が鎌倉に下向する機縁そのものに、行勇自身が関わっていた可能性という問題は、行勇の伝記研究はもちろん、栄西の伝記研究においても重要な意味をもってくる。

金剛三昧院 行勇

「行勇禅師年考」には、北条政子が頼朝の菩提を弔うために、高野山に禅定院（のちの金剛三昧院）を開創し、行勇を第一世としたとあり、このことを建暦元年（一二一一）正月のこととしている。落慶供養の導師に栄西を請したとしているが、これも「当寺大過去牒」を典拠としている。師栄西が京と鎌倉を活動の拠点としたのに対し、行勇はさらに高野山をも拠点に加えたといえるが、行勇自身が実際に金剛三昧院に止住した期間が、どの程度であるのかは、弟子隆禅の活動に関連して考えることにする。

ただし、金剛三昧院の記録にも行勇の事跡の一端が見えるので、その点を確認しておきたい。『金剛三昧院文書』（高野山文書第二巻）には、「金剛三昧院住持次第」、「金剛三昧院紀年誌」、「法燈《ほっとう》国師行勇法系」などが収められており、それぞれに行勇に関する記事があるが、特に注意すべきなのは「法燈国師行勇法系」（三八二頁）である。この文書名は、行勇の国師号が「法燈国師」であるかのように記しているが、実際には「法燈国師」はその弟子ともいうべき無本覚心の国師号である。冊子本のこ

行勇

の史料の表紙に「行勇禅師年考草」とあることから見て、あるいはこの文書が、別の史料を編纂するために作成されたものであるかも知れず、編集の過程で覚心と行勇を混同した可能性も考えられる。内容的には、中国の石霜楚円以降、臨済宗黄龍派の主な祖師、虚菴懐敞、明庵栄西、栄西の弟子を挙げ、さらに行勇の弟子として大歇了心・西勇・隆禅を挙げている。特に行勇について、「かつて偏《あまね》く宋地に遊び、諸老の門に登る」と、入宋したことを伝えているのである。「行勇禅師年考草」は、ごく簡単な記述の羅列であるが、やはり『吾妻鏡』を引用しながら編年体で綴られている。表題も『開山行状幷足利霊符』所収の「行勇禅師年考」を連想させるものであり、両書の引用箇所を比較すると、分量の差はあるものの、おおむね一致しているといえる。想像を逞しくすれば、『金剛三昧院文書』所収の「行勇禅師年考草」は、『開山行状幷足利霊符』所収「行勇禅師年考」の草稿であるかもしれない。「異筆」という但し書があるものの「行勇禅師年考草」の末尾には、「塔を浄妙寺に建つ、被雲野衲　昌能」とある。被雲野衲は、法孫という意味であろう。昌能とは、江戸期に浄妙寺の行勇の塔頭である光明院に住した僧で、懶禅玄能とも称し、元の中峰明本（一二六三〜一三二三）の系統である臨済宗幻住派に属する人である。幻住派の僧は同時に夢窓派にも属することが多く、「昌能」は夢窓派僧侶としての名である。昌能（玄能）は、幻住派の歴史や伝法・伝戒の規式をまとめた『浮木集』（駒澤大学図書館所蔵）を撰述したことが知られている。『浮木集』の成立が享保年間（一七一六～一七三六）と見られ、『開山行状幷足利霊符』は、内容から推測して寛文年間（一六六一～一六七三）以降の成立と考えられる。時間的には昌能がこの両書の選者である可能性はあり、自らが属する法系の歴史や、止住している寺の歴史・開山の行実をまとめようとしたとすれば、両書の内容はその目的に適ったものであるといえる。

行勇の行実はなお不明な部分が多く、検討すべき問題点も少なくない。栄西の鎌倉における活動は、行勇との関わりを抜きには考えられないし、密禅併修という栄西の禅風が、どのように展開したのかについても、行勇自身や、その門流の活動を通して眺めることが不可欠である。

3　栄西門流の入宋

中納言法印隆禅

前に系図で紹介したように、行勇の門下にも、大歇了心（生没年不詳）や中納言法印隆禅、あるいは嗣法の弟子ではないものの、長く参じて影響を受けた心地房無本覚心など、渡海求法した僧が見られる。寿福寺三世となり、建仁寺住持職・東大寺大勧進職を継いだ大歇了心は、「行勇禅師年考」によれば栄西が示寂した建保三年（一二一五）に帰国し、日本の禅林規矩の整備に貢献したと伝えられている。しかし、行勇を嗣いで金剛三昧院二世となった中納言法印隆禅については、従来ほとんど論及されることがなく、行実も明らかではない。ここでは、栄西の仏法が弟子を通じて、どのように後世に継承されていったかを考えるために、行勇の弟子で金剛三昧院二世となった中納言法印隆禅と、行勇の影響を強く受けた無本覚心について見てみたい。

隆禅は、師行勇を継いで東大寺大勧進職にも就いており、その活動は鎌倉初期仏教における栄西門流の位置を考える上で重要である。一方、道元研究においては従来から注目されているが、道元と同時期に入宋していた隆禅という僧がいたことが知られている。すなわち、道元の撰述である『正法眼蔵』「嗣書」のほか、『永平広録』巻十『宝慶記』『正法眼蔵随聞記』巻二『伝光録』『訂補建撕記』など曹洞宗関係史料に、在宋中の道元が「隆禅」と称する日本人僧に遭遇した、という記事が散見できるのである。とくに『随聞記』には「故用祥（葉上）僧正の弟子なり」とあるので、道元と関わった隆禅が栄西門流である可能性は高い。

「行勇禅師年考」嘉禄二年（一二二六）条に「同三月、明全宋地に寂す、師訃音を聞き、嘆いて云く、惜しむべし祖家の一隻を失うことを（この三月、明全が宋の地で示寂した。行勇は訃報を聞いて嘆き、「栄西門下の優秀な弟子の一人を失ったのは残念である」といった）」（『曹洞宗研究紀要』十九号、三九頁）とある。前にも述べたように、臨済宗関係の史料に明全が登場することがほとんど無い中で、数少ない一例といえる。明全が示寂したのは宝慶元年（一二二五）、つまり嘉禄元年の五月二十七日のことであり、その舎利を携えて道元が帰国するのは、翌安貞元年（一二二七）のことである。言い換えれば、少なくとも道元の帰国よりも早い嘉禄二年三月に、何らかの事情で行勇が明全の示寂を知り得たのであり、行勇自身が入宋したという伝承や、弟子の隆禅が帰国する時期との関係が問題となる。

隆禅に関する史料は、量的にも多くないし断片的である。『血脈類集記』（真言宗全書三十九）には「隆禅」という僧名が頻出するので、行勇の弟子ではない隆禅が存在する可能性も高いが、本書で取り上げた『開山行状幷足利霊符』『金剛三昧院文書』（高野山文書第二巻）、あるいは『高野春秋編年輯録』（『大日本仏教全書』一三一）などが、退耕行勇の弟子である隆禅に関しての、比較的確実な史料として挙げられる。

『開山行状幷足利霊符』では「行勇禅師年考」の建暦元年（一二一一）条に、金剛三昧院開創の記事とともに、「仏眼房隆禅有り、豪気人を衝《つ》く、衣服を易えて膺《おう》ず、師厚くこれを接し監寺《かんす》となす（仏眼房隆禅は、たいへん求道心が強く、これまでの信仰を改めて弟子となった。行勇は厚く処遇して、寺院の監理責任者とした）」とあり、この年に隆禅が行勇に弟子入りしたことを伝えている。「豪気人を衝く」という表現や、ただちに「監寺」としたという点から考えて、すでにこの時点で、それなりの年齢に達していたと考えられる。嘉禎三年（一二三七）条には、行勇が金剛三昧院住持職を隆禅に譲ったことが記されている。また「開山勇禅師行状」にも、「印証の者若干、了心・全玄・隆禅、これを先鋒となす」とある。了心は前述の寿福寺三世となった大歇了心であり、全玄とは浄妙寺二世となった妙寂全玄である。金剛三昧院を継いだ隆禅は、これら二師と並ぶ行勇門下の上足であったと見てよい。

『高野春秋編年輯録』は、高野山に関する記録を編年体にまとめたもので、興味深い記事が多いが、行勇や隆禅に関する記事も含まれている。延応元年（一二三九）条には、「行勇禅師、覚心上座を将いて金剛三昧院より鎌倉亀谷山寿福寺に還住す、これ北条氏（泰時）の悃請に依るなり（行勇が、弟子の覚心を連れて、金剛三昧院から鎌倉の寿福寺に戻った。執権北条泰時が強く望んだからである）」（『大日本仏教全書』一三一、一五二頁）とあり、割註に「金三院後職を以て中納言法印隆禅に附与すと云う」と、隆禅が行勇の後を継いで金剛三昧院住持となったことを述べている。仁治二年（一二四一）行勇示寂の記事の割註にも「後に勇、また住職を中納言法印隆禅に譲って鎌倉に帰り、寿福寺長老となり遷化す」（『大日本仏教全書』一三一、一五三頁）と、同じことが記されている。建長六年（一二五四）条には、「覚心師（法燈国師）宋より帰る、すなわち登山し禅定院主に謁す」とあり、「禅定院主」に「中納言法印隆禅、これ第二世院主なり」という註記がある（『大日本仏教全書』一三一、一六三頁）。さらに正嘉元年（一二五七）条の、覚心が金剛三昧院の住持となった記事に註して、「前年、行勇鎌倉に入るの已後、隆禅替わってこれに住職す、また禅の後、覚心これに住持す」（『大日本仏教全書』一三一、一六四頁）とある。おおむね隆禅が金剛三昧院住持であった期間に関する記録であるが、「行勇禅師年考」が嘉禎三年（一二三七）に住持となったとしているのに対し、『高野春秋編年輯録』は、行勇が北条泰時の懇請で鎌倉に戻った延応元年（一二三九）としている。また隆禅の後の三世住持を、無本覚心としている。

『高野春秋編年輯録』の隆禅に関する最後の記事は、永仁二年（一二九四）条に、「鎌倉相模守貞時、陸奥守宣時・高野山僧中納言法印に命じて、異国降伏の御祈を丹生社頭で勤修せしむ」とあるもので、「中納言法印」に「金剛三昧院主隆禅の官名なり」と註されている（『大日本仏教全書』一三一、一八四頁)。この記事によれば、金剛三昧院住持を退いた隆禅は、晩年まで高野山に住していたのであり、建暦元年(一二一一)の行勇に帰投したときの年齢を、たとえ二十歳前後の若さであったとしても、世寿百歳に及ぶ長命を保ったことになる。

「金剛三昧院住持次第」(『高野山文書』二、三七九頁)は、歴代住持の略伝を含む点で重要である。行勇の項には、栄西の「素意」を受けて禅・教・律を興行したこと、布薩その他の行持・規式を定め置いたこと、そして「登山両度有りと雖も、住山程無し、ただ隆禅法眼を以て代となし、院家を執行」したと記されている。つまり、行勇は金剛三昧院第一世長老となったものの、鎌倉における多忙さが長期の高野山滞在を許さず、主として隆禅が金剛三昧院の寺務を司った、ということであろう。「行勇禅師年考」に、行勇が金剛三昧院開創の年のこととして、帰投したばかりの隆禅を監寺にしたとあるのは、おそらくこのことを指すと思われる。確かに『吾妻鏡』や「行勇禅師年考」の記事から、行勇が高野山に滞在した期間を推定してみると、「登山両度」というほどではないにせよ、かなり断片的であったようで、金剛三昧院の経営は、事実上隆禅が担っていたと見るべきである。

隆禅の項には、「第二長老隆禅中納言法印」とあり、註して「仏眼房と号す、中納言光隆卿の息なりと、云々」と記されている。『尊卑分脈』(『国史大系・尊卑分脈』第二篇、四八頁)によれば、光隆は「猫間中納言」と称された藤原清隆の子、光隆であると思われる。光隆は建久九年(一一九八)の時点で七十二歳であり(公家補任)、年齢的には隆禅の父である可能性も無いではないが、確定するには根拠に乏しい。

寺務の間に仏殿・僧堂などを造立したことを述べた後、「しかして去る延応の年、関東に召し下され、即ち寺務を止められ畢んぬ。その後、実相院に移住し、所労療治のため、当国本庄に下向、正月二日に他界し畢んぬ」とあって、延応年間には早くも住持を退いて関東に下向したことになっている。「金剛三昧院住持次第」では、隆禅の後、第三世長老に就いたのは蔵円房悟暹で、「去る仁治元年庚子五月五日、当寺長老に補せらる」となっている。延応二年（一二四〇）が改元されて仁治元年となるのは七月十六日であり、その意味では「延応の年、関東に召し下され、即ち寺務を止められ畢んぬ」という記事と合致することになる。監寺であった期間が長かったのに対し、住持職にあったのはわずかに二年か、「行勇禅師年考」がいう嘉禎三年からとしても四年ということになる。『吾妻鏡』正嘉元年（一二五七）十月一日条には、行勇が第一世となった大慈寺における供養の供僧に、「隆禅」の名が見える（『国史大系・吾妻鏡』第四冊、六五四頁）が、「権律師」となっており、この時期の隆禅は既に法印位であると思われるので、あるいは別人かもしれない。関東下向後に移住したという「実相院」やその時期、所労療治のために下向したという「当国本庄」、また正月二日とのみ伝える示寂の年については、すべて不明である。ただし示寂は、『高野春秋編年輯録』に永仁二年（一二九四）の記事があるので、当然それ以後のことである。

前に述べたが、隆禅の金剛三昧院住持の期間について『高野春秋編年輯録』は、行勇が延応元年（一二三九）に関東に下向する際、隆禅に住持職を譲ってから、覚心が正嘉元年（一二五七）三世長老となるまでとしており、『金剛三昧院文書』の嘉禎三年（一二三七）から延応二年（一二四〇）までという記述、さらに覚心を六世とすることと食い違いがある。『金剛三昧院文書』の中の五九～六二の四点の文書が、いずれも嘉禎四年（一二三八）に発給されており、特に「六〇　足利義氏寄進状」の宛名が、「金剛三昧院中納言法眼御房」となっていることなどから見ても、嘉禎四年には隆禅が住持であったと考えてよいと思われる。覚心の世代順についても、第六世であったとする「金剛三昧院住持次第」の記事がより明確であり、妥当であろう。

「金剛三昧院紀年誌」は、『金剛三昧院文書』の諸記録を基としてまとめられたようで、嘉禎三年に隆禅が第二世となったこと、暦仁元年（嘉禎四年）に美作国大原保が大仏殿領として寄進されたこと、正嘉元年（一二五七）覚心が第六世となったことなどを列挙している。

心地房 無本覚心

無本覚心（一二〇七～一二九八）は、『元亨釈書』第六巻浄禅の項に立伝されている（訓読『元亨釈書』一二九頁）。心地房の号を持ち、東大寺での登壇受戒後、高野山に登って行勇に参学、その示寂後に入宋して無門慧開（一一八三～一二六〇）に嗣法し、帰朝後に金剛三昧院住持となった。時間的に長く参じたのは行勇であるが、結果的には無門慧開の法嗣となり、由良西方寺（後の興国寺）を中心として展開した覚心の系統は、臨済宗法燈派として鎌倉前期に栄えた。やはり栄西の弟子釈円房栄朝の影響を受け、入宋して無準師範に嗣法した、東福寺開山円爾の聖一派も同時期に栄える。この両派の禅風は、無門や無準から受け継いだ宋朝禅というだけではなく、むしろ行勇や栄朝から受けた密教色の強い兼修禅であった。

覚心の場合に限っていうならば、それが後世になって栄西門流としてよりも、中国伝来の禅宗として認識されるのは、中国の禅僧に直接嗣法したためでもあるが、師無門慧開から、禅の公案集として有名な『無門関』を授けられて帰国したことが大きい。覚心の禅風については、具体的にそれを語る史料が少なく、覚心が定めたことが知られる「粉河寺《こかわでら》（和歌山県紀の川市）誓度《せいたく》院規式」などは、むしろきわめて密教色の強いものである。また、踊り念仏で知られる時宗の一遍上人智真（一二三九〜一二八九）、あるいは鎌倉期律宗の西大寺（奈良県）叡尊（一二〇一〜一二九〇）や泉州（大阪府）久米田寺の禅爾《ぜんじ》など、他宗派の僧との関係が伝えられており、その点からも兼修禅を唱えたと考えられるのである。ところが『無門関』は、禅の公案集として『碧巌録』と並んでよく知られ、今日の臨済宗の修行道場においても日常的に用いられている。したがって、その将来者である覚心についても、法燈派の独立性が高まるにつれ、覚心が栄西門流であるという見方は次第になくなり、『無門関』を日本に持ち帰った「禅僧覚心」というイメージに統一されていくのであろう。

覚心

もう一つの要因は、量的にもっともまとまった伝記である『法燈圓明国師行実年譜』（『続群書類従』九―上、以下『行実年譜』と略）が、禅僧としての覚心像の確立を意図していると見られることである。『行実年譜』

興国寺法堂

は、永徳二年（一三八二）頃に興国寺に止住した自南聖薫が、「師平生随身之本（ふだんから覚心に随っていた人物の記録）」と「慈願上人所草録、師之縁起（慈願上人が認めた、覚心の記録）」に基づいてまとめたものであるが、聖薫が典拠としたこれらの史料は現存していない。しかも、この二つの史料の間でも伝承の違いがあり、覚心の行実を考える上で、いくつかの問題を含んでいる。全体を眺めてみると、若年期の密教研鑽については触れているものの、西方寺に入って以降のさまざまな人との交渉、例えば一遍・叡尊・禅爾などとの関わりについては言及せず、禅僧としての姿を強調しているように思われる。

覚心の行実における最初の問題は、『行実年譜』で聖薫自身が述べているように、東大寺における登壇受戒の年齢について、前に挙げた二史料に違いがあることである。

「師平生随身之本」は、公的な記録をもとにして嘉禎元年（一二三五）十月二十日とし、信州近部県（長野県）神宮寺の童行《ずんなん》覚心が、二十九歳で登壇受戒したと記している。「慈願上人所草録、師之縁起」は、登壇受戒の年を「乙酉嘉禎元秋、師歳十九」（原文のまま。覚心十九歳は嘉禄元年（一二二五）であるところを、嘉禎元年と誤っている）とし、受戒の後に高野山に登り、伝法院覚仏・金剛三昧院行勇・正智院道範などから、密教を学んだことを述べている。『行実年譜』の編者聖薫自身も、前者に従えば、受戒から行勇に参ずるまでの期間に多くの記事が集中しているとし、後者に従えば、後に親交を結ぶ由良の地頭で、もと実朝の家臣の願性（?～一二七六）から密教を学んだことが記されていないこと、建治二年（一二七六）に願性が示寂した際、交わった期間を覚心自身が「四十余載」と回想していることと矛盾すると述べている。結局、聖薫は、公的記録を重視して嘉禎元年二十九歳説を採用している。

覚心の伝記としては中心となるべき『行実年譜』は二十九歳説を採っているが、その他の伝記史料や僧伝は、ほとんど十九歳説を採っている。覚心在世中に門人覚勇がまとめたものに基づく『法燈国師之縁起』には、十九歳の時、熊野参詣の道者に伴なわれて東大寺を出発したとある。西礀《せいけん》子曇《しどん》（一二四九～一三〇六）が撰した『塔銘』（寛永二十年刊『行実年譜』三十三丁右）も十九歳で受戒とし、『高野春秋編年輯録』は嘉禄元年（一二二五）条に、東大寺より覚心が高野山に至ったことを伝えている（『大日本仏教全書』一三一、一四五頁）。『開山行状幷足利霊符』所収「行勇禅師年考」は、同じ記事を嘉禄二年の条に挙げているが、「行勇禅師年考草」（『金剛三昧院文書』所収）は、元年条に挙げるとともに、「翌二年非ナリ」と註記しており、この点も『金剛三昧院文書』の「行勇禅師年考草」が、『開山行状幷足利霊符』所収「行勇禅師年考」の草稿であることを示唆している。『元亨釈書』『延宝伝燈録』『本朝高僧伝』の覚心伝も、すべて十九歳説を採用している。

この問題が二説に分れる理由の一つは、覚心二十九歳の「嘉禎元年乙未」と、十九歳の「嘉禄元年乙酉」の、元号および干支が、紛らわしいという点である。「慈願上人所草録、師之縁起」の記事が、十九歳説についてであるにもかかわらず「乙酉嘉禎元秋」となっており、元号と干支が二十九歳の年と入れ替わっている。『行実年譜』（群書類従本）の編者自南聖薫がまちがえたのか、「慈願上人所草録、師之縁起」の記述自体がまちがっているのかは不明だが、それが大きな原因と思われる。『高野春秋編年輯録』安貞元年（一二二七）十月十五日条に、西方寺開創の折に覚心が願性とともに由良の地に遊化したとあり（『大日本仏教全書』一三一、一四六頁）、両者の交流が始まったのがこの頃とすれば、願性が示寂する建治二年（一二七六）までちょうど五十年となる。願性との交流を、『行実年譜』がいうように、覚心自身が「四十余載」と述懐している点が問題となる。十九歳説・二十九歳説のいずれが正しいかは、現時点では判定の材料に欠けるが、『行実年譜』以外の諸史料がいずれも十九歳説を採っているのは、行実全体から考えてより妥当であるからと思われる。

行勇会下における覚心の参学は、具体的にはほとんど不明である。『行実年譜』や『高野春秋編年輯録』は、延応元年（一二三九）鎌倉寿福寺に帰る行勇に、覚心が随行したことを伝えている。「行勇禅師年考」は、安貞元年（一二二七）条に紀綱職《きこう》（禅院の監理責任者）に就任したとしているが、紀綱職が禅院の運営を担う重職であることを考えると、安貞元年にはいまだ二十一歳の、帰投後間もなくの青年僧に勤まったかどうか、疑問が残ることは否定できない。ただ少なくとも、金剛三昧院は主に隆禅が寺務を司り、覚心は常に行勇に随行し、参学していたということではないだろうか。

『行実年譜』によれば、仁治二年（一二四一）七月五日に師行勇が示寂すると、翌三年に深草極楽寺（興聖寺）の道元を訪れ、菩薩戒を授けられている。その後、宝治元年（一二四七）には行勇と同門であった上州世良田長楽寺の栄朝に参じるが、同年に栄朝は示寂してしまう。翌二年、甲斐（山梨県）心行寺生蓮（不詳）に就いて、後の寿福寺長老蔵叟朗誉《ぞうそうろうよ》（一一九四～一二七七）とともに九旬（九十日間）安居している（『続群書類従』九－上、三五〇頁）。この時、坐禅中に胸から多くの小蛇が出るのを見て、これまでの学問的理解が真の仏法ではないと悟ったとあるが、見ようによっては、この頃に入宋求法の志を発したのかもしれない。この年の夏末（六月か）に京に上って、勝林寺天祐思順（生没年不詳）に参じ、翌宝治三年（一二四九）正月十六日、入宋の志を発したとある。勝林寺を辞するに際して思順から偈を贈られ、二月に由良を出発している。

『本朝高僧伝』には、勝林寺を辞した覚心が東福寺に赴き、円爾から、その師無準師範（一一七七～一二四九）への参学を勧められて、入宋後に円爾の紹介状を携えて径山に登ったが、無準がすでに示寂していたと記されている（『大日本仏教全書』一〇二、二八七頁）。同じ趣旨の記事が、寛永二十年（一六四三）の版本『行実年譜』（二十七丁右）にもあり、あるいは『本朝高僧伝』もこれを承けたかと思われるが、同書に「師恵峰（恵日山東福寺）会裏に在って紀綱職に居ること久し」とあり、覚心がかなりの期間東福寺に止住し、紀綱職を勤めたと述べている。行勇示寂後の覚心の行動を見てみると、仁治三年（一二四二）道元に受戒して以後、宝治元年（一二四七）に栄朝に参ずるまでの六年間、『行実年譜』の記事が途絶え、その後入宋までの三年間は非常に慌しくなっている。版本『行実年譜』がいうように、ある程度の期間にわたって東福寺の紀綱職に在ったとすれば、それが正月十六日に勝林寺を辞した後、二月に由良を出発するまでの間であったとは考えがたい。むしろ『行実年譜』の空白期間である六年間の、ある時期と見るほうが妥当ではないかと思われる。

確定的ではないものの、行勇が入宋した可能性を前章で指摘した。同じ行勇門下である隆禅も、入宋経験があることは間違いない。円爾は入宋前、栄朝に次いで行勇にも参じており、その因縁を考えれば、覚心が円爾に参ずることは不自然ではない。『開山行状并足利霊符』には、道元が行勇に参学したことを示唆する記事がある。そうした経緯を踏まえるならば、覚心が行勇示寂後に諸師歴参したのは、無作為に行われたものではないということになる。道元・円爾・思順に歴参したのも、彼等が当時著名な入宋経験者であったからで、覚心は行勇会下においてすでに入宋求法を思い立っており、かつ予定していたとも見得る。あるいは示寂直前の行勇が、かつて自らの会下に参じた縁によって、覚心に参随を指示したとも考えられる。

行勇門下の、中納言法印隆禅と無本覚心について、その行実におけるいくつかの問題点を検討してみたが、栄西から行勇に継承された「密禅併修」は、どちらかといえば、中国人禅僧である無門慧開の法嗣となった覚心に受け継がれたと思われる。したがってその禅風は、必然的に法燈派の禅風として展開していくのである。そうなると、法燈派と並んで栄えた聖一派の禅風が、釈円房栄朝を通じて円爾に伝えられたかどうか、という点についても考えなければならないが、現時点で筆者は検討できていない。最近の日本禅宗史研究においては、若手研究者による円爾の聖一派に関する研究が多く見られる。いずれ、栄西門流としての聖一派の禅についても、解明が進むことを期待したい。

終　日本型禅宗のすがた

最澄の仏法と宋朝禅の出会い

栄西は、天台密教を思想的基盤として禅を受け入れ、『興禅護国論』では天台教学と切り離すことなく禅の正当性を主張するとともに、戒律重視という姿勢を強調している。つまるところ栄西は、最澄が唱えた円・戒・禅・密の四宗相承という仏法を護持しようとしていたといえるのである。そのことは『興禅護国論』（世人決疑門第三）に、「栄西、この宗の絶えたるを慨《なげ》き、しばらく後の五百歳の誡説を憑んで、廃《すた》れたるを興し絶を継がんと欲するなり」（『栄西禅師集』六七〜六八頁）と述べていることからも明らかである。禅は、もともと最澄が唱えた四宗相承という日本天台宗の中にあり、それは円珍・安然といった台密大成者にも受け継がれてきたが、平安末期に至って廃絶していたのであり、栄西はそれを再興したいと主張している。

『沙石集』の撰者無住は、栄西が建仁寺に止観院と真言院を併設したのは、叡山からの非難を避け、時節の到来を待っていたためであり、ほんとうは唐様、つまり純中国式の禅院にしたかったのだと述べているが、「密禅併修」という独自の禅風を前提とするならば、「一向の唐様を行じられ」なかったのは、時を待っていたというよりは、禅院に戒門・天台・真言を兼ねていることの方に「深き心」、すなわち伝統的叡山教学の復興という意図が込められていたと理解すべきであろう。もちろん、最澄が法華円教を四宗の中心としたのに対し、栄西は禅を表に掲げつつ、あくまで密教を背景にしているという点で、両者の思想がいささか相違することはいうまでもない。

純然たる台密の徒であったといえる栄西が、独自の「密禅併修」を思想の中枢としながら、円・戒・禅・密の四宗に立脚する禅を宣揚するに至るには、天台山万年寺における虚菴懐敞との邂逅が不可欠であった。また厳正な持戒持律を強調する姿勢も、一部の叡山僧の堕落が大きな要因であったとしても、実際に宋朝の禅林に身を置き、清規に基づいた厳しい修行生活を知らなければ、おそらく生まれ得なかったであろう。二度目の入宋の第一目的が入竺することであり、却下されたとはいうものの、実際に入竺の為の手続きまでしている栄西が、虚菴に巡り会ったということに、偶然の要素があったことは否定できない。入竺を断念して帰国の途に就いたところが、たまたま暴風に吹き戻されたのであり、天台山へ向ったということも、途方にくれて前回の訪問地に足を向けた、といったところが実情であったかもしれない。そんな事情の中で宋朝禅を受容するためには、『菩提心論口決』の奥書や『元亨釈書』の記述から推察し得るように、専一に学んできた密教を虚菴懐敞が否定あるいは無視するのではなく、栄西の台密をそのまま認めてやることによって、ほとんど抵抗なく禅を受け容れることができたのだと思われる。

もっとも、『興禅護国論』では「別立一宗」（『栄西禅師集』九七頁）といい、また『未来記』では、自らの滅後五十年の禅宗ないし臨済宗の興隆を予言している（『栄西禅師集』二八八頁）。この点でいえば、宋朝禅を受容するという新しい形で、四宗相承という本来の叡山教学の復興をめざしたのであり、台密の色彩を濃厚に残しながらも、停滞する日本仏教を覚醒させるために、新しい方法論としての宋朝禅を前面に打ち出したといえる。栄西の仏教は、一種の復古思想に基づく。したがって、彼の法孫ともいえる道元の思想とも、あるいはまた、鎌倉期に南宋より渡来した蘭渓道隆や無学祖元などの中国人禅僧の思想とも、一線を画して考えなければならない。とはいえ、『興禅護国論』で、禅を「仏法の総府」と位置付けたことが、道元が如浄から受けた教えを「正伝の仏法」とする立場を、ある意味で啓発したともいえるし、そこにこそ、栄西が鎌倉期の仏教革進運動の先駆として評価される要因がある。

密禅併修としての独立

最近になって、大須観音真福寺（名古屋市）などから、栄西や大日房能忍に関する新しい史料も発見されており、その思想や行実の解明が、一層進められることによって、日本禅宗の形成や展開がさらに明らかになることが、大いに期待できる。

日本の禅宗の歴史と性格を検討するために、『元亨釈書』に収められている、達磨が日本へ渡来したという伝説から語りはじめ、その伝説が聖徳太子の説話と結びついて展開していく過程は、古代の日本仏教と中国の禅思想ないし禅宗との出会いに、意外に密接なつながりがあり、さらに比叡山の天台宗における、本格的な禅に対する関心の高まりに結びついていくことを確認した。叡山仏教における禅への関心は、天台密教（台密）の隆盛から派生し、密教の範疇で禅を理解するという形で、栄西のように入宋して禅宗を承ける天台僧が現れるが、そうした傾向は栄西だけではなく、大日房能忍などは、入宋受法することなく禅を無師独悟した。能忍の活動が新しい史料で確認され、達磨宗も従来考えられていた以上に存続したことが判明したが、結果として、主たる拠点であった三宝寺が密教的性格を強め、六祖舎利に対する信仰を集めることとなった。さらに応仁の戦乱で衰退したことや、栄西の非難が『興禅護国論』に述べられていること、虎関師錬が『元亨釈書』の栄西伝において、きわめて強い語調で批判したことなどで、従来の理解ではあまり繁栄しなかったとされていたが、中世初期の禅者としては、むしろ「禅宗初祖」とされる栄西よりも、禅を唱える人物として著名であったと思われる。

栄西や能忍の禅は、いわば「密禅併修」といえる点で共通しており、自らを禅宗とする意識は明確にあったものの、密教の修法や天台教学を捨てることはなかった。栄西の禅風は、退耕行勇や釈円房栄朝らの弟子を通じて、法燈国師無本覚心や聖一国師円爾などに伝わり、法燈派・聖一派は、鎌倉初期の禅宗として栄える。覚心や円爾は、中国禅僧の法嗣となったものの、密禅併修という傾向は継承していたのである。

密禅併修の系譜

道元は、栄西門下の明全に対して、きわめて強い敬愛の念を抱いているが、同時に明全を通じて知った栄西の密禅併修に対しては、まったく関心を示していない。栄西が兼修禅とされるのに対し、道元は「祇管打坐《しかんたざ》」とか「修証一等《しゅしょういっとう》」という表現で、坐禅の一行によるべきことを鮮明に打ち出し、これがいわゆる純粋禅として理解される。蘭渓道隆や無学祖元をはじめとして、中国禅僧が次々と招かれて渡来したこともあって、栄西のような兼修禅は、ある意味で中途半端な、過渡的段階における形態で、結果として純粋禅に駆逐されたかのようにいわれてきた。しかし実際は、法燈派や聖一派の隆盛が示すように、兼修禅と表現される密禅併修が、鎌倉期の禅宗においては、むしろ主流だったといえるのである。

道元は、密禅併修とは違う禅を主張し、少なくとも当時の禅宗の傾向とは異なる立場にあったが、その示寂後に僧団を継承したのは、密禅併修の色彩を濃厚に持っていた旧達磨宗徒であった。曹洞宗の太祖とされる瑩山紹瑾は、師義介から曹洞宗の法を受けるとともに、「嗣書の助証」を授与されたことで、密教的性格のある達磨宗の法をも受け継いだ。のちに義介からの相承物を、永光寺五老峰に埋納したことによって、永平寺僧団を継承した人たちに残っていた、もともと達磨宗徒であったという意識を払拭したとされるが、一方では、曹洞宗に密教的な儀礼を導入し、おおいに教線を拡大にしたとされている。本書では、瑩山について触れるゆとりがなかったが、修行時代に円爾の弟子や無本覚心に参ずることで、密教的要素を取り入れたとされるが、義介から達磨宗の法をも承けている点からいえば、別な場所から密教を導入するまでもなく、本来的な性格として、密禅併修の傾向を持っていたはずである。

曹洞宗に、三大祈禱道場とされる寺院が現存する。山形県鶴岡市の善宝寺、神奈川県南足柄市の大雄山最乗寺、愛知県豊川市の妙厳寺である。善宝寺は龍神を、大雄山は道了尊という天狗を祀り、妙厳寺は荼枳尼天《だきにてん》という狐を祀って豊川稲荷と通称されている。多くの参詣者が現世利益を祈る光景を見ると、道元が主張した「祗管打坐」を受け継ぐ寺院というよりは、適切な表現ではないかもしれないが、まるで御利益を期待される御祈禱寺院であるかのように見える。妙厳寺にいたっては豊川稲荷の通称から、一般には曹洞宗寺院であることすら知られていない。この三か寺だけではなく、曹洞宗に祈禱寺院が多いことは、中世後半の教団発展が、修験者との関係や神人化度などに依ったことが要因であるが、その中心となったのは、瑩山とその門流の僧たちである。きわめて乱暴な分析が許されるならば、平安期の台密の中から醸成された禅への関心は、中国禅宗を受け入れながらも、独自の密禅併修として展開し、栄西門流と達磨宗に共通していたその傾向は、複雑な人的交流を通じて道元門流に影響を及ぼし、日本曹洞宗として、さらに展開してきたのである。

一方で、道元の「正伝の仏法」がどのように伝えられたかといえば、その撰述である『正法眼蔵』が、うやうやしく桐箱に納められた写本という形で、各地域の中核寺院に寺格を象徴する秘書として安置されてきた。江戸期に開版が許可されたことで、宗門内でも宗祖の教えとして読まれるようになり、今日では道元の思想を語る書として、哲学や文学をはじめとするさまざまな角度から研究考察されている。しかし、そうなればなったで、祈禱太鼓が轟き渡る寺院と、『正法眼蔵』に説かれる道元の説示とを並べてみると、いかにも大きなギャップがあるように感じられる。日本曹洞宗の展開をいうならば、宗祖の教えの象徴としての『正法眼蔵』と、信者が期待する具体的な御利益をもたらす密教儀礼を、巧みに使い分けることで教団が拡大してきたといえる。しかし、日本仏教の中での禅宗の性格や教団として定着していく経過を、もう少し俯瞰的に眺めたとき、曹洞宗だけに限らず禅宗全般として、密禅併修という面が形成されたからこそ、禅は日本型禅宗として根づいたと思われる。

もちろん、それで日本禅宗のすべてが理解できるわけではない。栄西とその門流における「密禅併修」という傾向が、後世に展開した臨済宗各派とどのような関係にあるのか、解明が進んでいるとはいえない。中世末期には、『碧巌録』や『無門関』などをテキストにする公案禅が、臨済宗だけではなく曹洞宗においても盛んに行われたし、江戸期には白隠慧鶴（一六八六〜一七六九）が登場し、公案禅を再構築して、今日の臨済宗黄檗宗を通じての禅風を確立する。そうした近世以降の看話禅と、栄西のような禅がどうつながるのかも明らかではない。しかし禅宗本来の、悟りを求める修行がさまざまな形でなされる中で、なお「密禅併修」という日本型禅宗の性格は、根強く今日に生き残ってきたといえるのである。

そのこととは別に、禅の一般的なイメージである「侘びさび」を形成している文化、例えば七堂伽藍に見られる建築様式や、寺院の中の枯山水や苔むした庭園、さらには抹茶による飲茶から派生した茶道などは、栄西以来、何度となく繰り返されてきた禅僧の往来を通じて輸入された大陸文化が、日本の歴史の中で独自の展開を果たした結果である。その意味では、栄西による宋朝禅の将来がその嚆《こう》矢《し》であったことは間違いないし、だからこそ、その禅風が密教色の濃いものであり、兼修的であるとされながらも、宋朝禅将来という功績が評価され、なお「日本禅宗初祖」の称号を冠されるのである。

参考文献

古田紹欽『日本の禅語録1　栄西』講談社、一九七七年
平田精耕『高僧伝6　栄西　明日を創る』長山書店、一九八五年
平野宗浄・加藤正俊編『栄西禅師と臨済宗』吉川弘文館、一九八五年
多賀宗隼『人物叢書　栄西』吉川弘文館、一九八六年
＊栄西関係の史料を紹介しながら、禅と密教との関係や戒律重視など、栄西の仏教の独自性を解説している。栄西を知るための基本書籍。
菅沼晃『栄西・白隠のことば』雄山閣、一九八六年
船岡誠『中世史研究選書　日本禅宗の成立』吉川弘文館、一九八七年
高橋秀栄・中尾良信『大乗仏典　中国・日本編20　栄西・明恵』中央公論社、一九八八年
竹貫元勝『日本禅宗史』大蔵出版、一九八九年
古田紹欽『禅入門1　栄西　興禅護国論・喫茶養生記』講談社、一九九四年
原田正俊『日本中世の禅宗と社会』吉川弘文館、一九九八年
竹貫元勝『新日本禅宗史　時の権力者と禅僧たち』禅文化研究所、一九九九年
古田紹欽『栄西・喫茶養生記』講談社学術文庫、二〇〇〇年
安永祖堂『傍訳・興禅護国論』四季社、二〇〇二年

中尾堯編『日本の名僧6　旅の勧進聖　重源』吉川弘文館、二〇〇四年
中尾良信『日本禅宗の伝説と歴史』吉川弘文館、二〇〇五年
宮脇隆平『栄西　千光祖師の生涯』禅文化研究所、二〇〇九年
中尾堯・今井正晴編『知っておきたい名僧のことば事典』吉川弘文館、二〇一〇年
藤田琢司『訓読元亨釈書』禅文化研究所、二〇一一年
久野修義『重源と栄西』山川出版社、二〇一一年
井出二三子『お茶の効用――茶・茶道の開祖＝栄西著『喫茶養成記』より　茶は養生の仙薬なり』東洋書院、二〇一一年
中世禅籍叢刊編集委員会『中世禅籍叢刊1　栄西集』臨川書店、二〇一三年
高橋忠彦『茶経・喫茶養生記・茶録・茶具図賛――現代語でさらりと読む茶の古典』淡交社、二〇一三年
熊倉功夫・姚国坤『世界茶文化学術研究叢書　2　栄西〔喫茶養生記〕の研究』二〇一四年
藤田琢司編『栄西禅師集』禅文化研究所、二〇一四年
＊『興禅護国論』をはじめとする栄西自身の撰述のほか、多くの関係史料を訓読（仮名まじり）文で紹介し、解説もされている。
山折哲雄『あなたの知らない栄西と臨済宗』歴史新書、二〇一四年
特別展図録『栄西と建仁寺』東京国立博物館、二〇一四年
野口実編『治承～文治の内乱と鎌倉幕府の成立』清文堂
禅文化研究所監修『別冊太陽215　栄西と臨済禅』平凡社、二〇一四年
中尾良信・瀧瀬尚純『日本人のこころの言葉　栄西』創元社、二〇一七年
＊栄西の略伝とともに、『興禅護国論』、『喫茶養生記』など、栄西の撰述から特徴的な考えを表す文を取り上

げて解説している。

筒井紘一『茶の湯と仏教』淡交社、二〇一九年
中世禅籍叢刊編集委員会『中世禅への新視覚』臨川書店、二〇一九年

あとがき

芭蕉の高弟である服部嵐雪が「ふとん着て寝たる姿や東山」と詠み、頼山陽もその景観を好んだのが、京都市街の東に連なる東山三十六峰であり、その中で最も高くそびえているのが比叡山である。いうまでもなく山頂には天台宗総本山延暦寺があり、比叡山全体が巨大な宗教エリアである。大講堂には、比叡山で出家修行した後に山を下りて、一般に「鎌倉新仏教」と総称される各宗派の開祖となった、法然・親鸞・栄西・道元・日蓮・一遍などの木像が安置され、比叡山は「日本仏教のふるさと」とか「日本仏教の母山」などとも呼ばれている。

筆者自身は曹洞宗に籍を置く僧侶であるが、母校駒澤大学での講義で聞いた道元の仏法といえば、祇管打坐《しかんたざ》の語で表されるような純一な禅宗である。ところが一方で、その道元の教えを継承する曹洞宗の僧侶や寺院が、さまざまな土地神や民間信仰との関わりがあり、多くが加持祈禱によって信仰を集めている。天台密教が隆盛であった叡山教学を離れた道元の、純粋禅とも称される教えを継承するはずの寺院で、どうして違和感なく密教的な祈禱が行われているのか、そういう疑問に答えを示してくれる講義が見当たらない中で、後に卒業論文の指導教授になっていただいた納富常天先生（元鶴見大学教授・金沢文庫長）の講義は、宗派の枠にとらわれずに交流した鎌倉期の僧たちの姿を、さまざまな記録から読み取っていくものであった。その影響もあって、栄西や道元が叡山で学びながら禅宗を導入するに至る、いわば過渡期について卒論をまとめたいと納冨先生に申し出たところ、言下に「それなら栄西をやりなさい」といわれたのが、結果的には本書をまとめるに至る第一歩となった。さらには過渡期に着目したことで、単純に「禅宗初祖」という栄西観を前提にしなかったことが、その後の研究方向につながったことは間違いない。

もう一つ幸いだったのは、やはり納冨先生に勧められて、大学院進学後に金沢文庫でアルバイトをしたことである。文庫では『金沢文庫資料全書』の刊行が始まったばかりで、筆者も鎌倉時代の写本を手に取りながら必死で原稿の書き起こしに取り組んだ。ある意味で金沢文庫は、さまざまな分野の史料が蓄積された場所であり、そこで研究に従事している方々は、当然多様な角度からの分析を試みられており、筆者も度々アドバイスを受けることで、ひとつのテーマを研究するについても、関連分野の研究が重要な意味を持つことを教えていただいた。中でも印象深かったのは、大学の先輩である高橋秀榮先生（元金沢文庫長）からいただいた情報で、大日房能忍の達磨宗に関する新しい史料と出会えたことである。そのことによって、同時代に生きた栄西と能忍を俯瞰的に考察することができ、結果的に筆者の日本禅宗史理解に一定の方向性が持てたように思う。さらには、栄西や能忍のような兼修的な禅と、「正伝の仏法」としての禅を掲げた道元の立場が、明確に一線を画するものでありながら、道元以降の曹洞宗が同じような傾向を持つにいたる事情についても、一定の見解を持つことができた。

本書は書名を『栄西』としながら、内容的には古代聖徳太子の時代から書き起こし、奈良・平安期を通じて、日本仏教と禅宗の関わりをたどったものである。個人の伝記という意味では、栄西自身についてもっと詳細に述べるべきだったかもしれない。しかし栄西の伝記と思想を考察していった結果、栄西が単発的あるいは偶然に禅宗と出会ったわけではなく、さまざまな形での日本仏教と禅宗の関わりが、古代から中世にかけて断続的にあった中で、ある意味では必然的に栄西による禅宗将来があったし、栄西だけが禅宗に関心を持ったわけではなく、見ようによっては禅宗に対する関心は時代の流れといえることが明らかとなった。かつて家永三郎氏は「禅宗は鎌倉時代に中国から伝来したものであり、それまでの日本仏教とは関わりがない」と述べられた。もちろん諸先学の研究成果によって、すでに家永説は修正されたといえる。一方で平安期の顕密仏教が、いわゆる鎌倉新仏教の登場で駆逐された訳ではなく、権力層とのむすびつきはその後も継続していたとする黒田俊雄氏（大阪大学名誉教授）の「顕密体制論」が、ある意味で新たな中世仏教史観として呈示された。従来は鎌倉期以降のみが問題とされてきた日本禅宗の歴史も、日本仏教全体の流れの中で見なければならないということが筆者の基本的な考えであり、栄西個人の功績をより客観的に評価するためにも、歴史的な経過の中で栄西が果たした役割を考えることを、あえて本書のテーマとしたのである。

まがりなりにも本書を上梓できたのは、大学院時代から曹洞宗宗学研究所（現曹洞宗総合研究センター）在籍中、さらには花園大学に赴任して以来、多くの方々から被った学恩があったればこそであり、一々お名前を挙げることは控えるが、記して甚深の謝意を表したい。また筆者に本書をまとめる機会を与えていただき、数年前から余儀なくされている透析生活の影響もあって、脱稿までに予想外の時間を要したにもかかわらず、辛抱強く督促していただいたミネルヴァ書房にも、心から感謝申し上げたい。

中尾良信

二〇二〇年五月

栄西略年譜

和暦	西暦	齢	関係事項	一般事項
保延 七	一一四一	1	4・20備前国吉備津神社の神官（賀陽氏）の子として誕生。	3月鳥羽上皇、出家。12月近衛天皇、即位。
康治 元	一一四二	2		3月園城寺僧徒、延暦寺を襲う。5月鳥羽法皇、東大寺・延暦寺で受戒。
二	一一四三	3		12月高野山伝法院覚鑁、示寂。
天養 元	一一四四	4		
久安 元	一一四五	5		3月興福寺僧徒、東大寺僧徒と争う。7~9月興福寺僧徒、金峯山寺を攻める。
二	一一四六	6		2月平清盛、安芸守となる。3月園城寺、延暦寺と争う。
三	一一四七	7		2月法然房源空、比叡山に入り、11月戒壇院で受戒。

四	一一四八	8	父に従って『倶舎頌』を読む。	正月源頼朝、誕生。
五	一一四九	9		2月薬師寺、東大寺と争う。
六	一一五〇	10		9月源空、西塔黒谷叡空の室に入る。
仁平 元	一一五一	11	安養寺静心に師事する。	
二	一一五二	12		
三	一一五三	13		正月平忠盛（清盛の父）卒す。
久寿 元	一一五四	14	落髪し叡山の戒壇で受戒する。	
二	一一五五	15		7月近衛天皇、崩御。後白河天皇、即位。
保元 元	一一五六	16		7月鳥羽法皇、崩御。保元の乱。
二	一一五七	17	静心が示寂、遺命によって法兄千命に師事する。	
三	一一五八	18	千命より虚空蔵求聞持法を受ける。	8月後白河天皇、二条天皇に譲位。
平治 元	一一五九	19	叡山の有弁に就いて台教を学ぶ。	平治の乱で平清盛が源義朝を破る。
永暦 元	一一六〇	20		正月源義朝・義平、殺される。 2月源頼朝、伊豆に流される。 8月平清盛、厳島に詣でる。
応保 元	一一六一	21	この頃入宋の志を起こす。	

二	一一六二	22	天下に疫病がはやり、父母の安否を案じ帰郷。	
長寛 元	一一六三	23		6月延暦寺僧徒、園城寺を焼く。
二	一一六四	24		8月崇徳上皇、崩御。9月平清盛、『法華経』を書写し厳島神社に奉納（平家経）。
永万 元	一一六五	25		5月平重盛、参議となる。6月二条天皇、六条天皇に譲位し崩御。
仁安 元	一一六六	26		
二	一一六七	27	伯耆（鳥取県）大山寺基好より両部（金剛界・胎蔵界）灌頂を受ける。9月顕意より灌頂を受ける。12月父母のもとを辞して鎮西（九州）に赴き、宇佐に詣でる。	2月平清盛、太政大臣に補任。明雲、天台座主となる。俊乗房重源、入宋。
三	一一六八	28	正月阿蘇山で渡海の無事を祈る。2月博多で通事李徳昭に会う。4月入宋のため出帆。5月四明山に上り重源と遇う。天台山万年寺に至り石橋で羅漢に供す。6月明州阿育王寺に至る。9月俊乗房重源とともに帰国。冬、座主明雲に将来の章疏を呈す。	2月清盛、出家。六条天皇、高倉天皇に譲位。
嘉応 元	一一六九	29	備前金山寺・日応寺、備中清和寺に巡錫、灌頂を修す。	

年号	西暦	年齢	事績	一般事項
二	一一七〇	30		5月中原氏女、筑前今津に誓願寺建立を発願。
承安 元	一一七一	31		叡山覚阿、入宋。12月平徳子、高倉天皇の中宮となる。
二	一一七二	32		
三	一一七三	33		
四	一一七四	34		覚阿、仏海慧遠に嗣法して帰国。
安元 元	一一七五	35	正月『胎口決』『出纏大綱』撰述。10月誓願寺本堂供養、『誓願寺創建縁起』を草す。	法然、東山吉水に移り専修念仏を始める
二	一一七六	36	正月『教時義勘文』撰述。	
治承 元	一一七七	37	6月『教時義勘文』に奥書。	6月鹿ヶ谷の陰謀露見。
二	一一七八	38		11月言仁親王（安徳天皇）誕生、12月立太子。
三	一一七九	39	7月『菩提心別記』に序す。	7月平重盛、薨ず。平清盛、後白河法皇を鳥羽に幽閉。
四	一一八〇	40	4月『結縁一遍集』撰述。	2月高倉天皇、安徳天皇に譲位。8月源頼朝、伊豆で挙兵。10月頼朝、鎌倉に入り富士川の戦で平氏を破る。11月平重衡、南都を攻め東大寺・興福寺を焼く。

養和　元	一一八一	41	5月『秘宗隠語集』撰述。	正月高倉上皇、崩御。閏2月平清盛、薨ず。俊乗房重源、東大寺大勧進職に補任され、諸国勧進を始める。
寿永　元	一一八二	42		宋工陳和卿、来日。
二	一一八三	43	誓願寺で『往生講私記』を書写。	10月平氏、都落し安徳天皇を奉じて讃岐屋島に至る。11月天台座主明雲、討ち死にする。源頼朝、弟範頼・義経に木曽義仲を討たせる。
元暦　元	一一八四	44		2月一ノ谷の合戦。3月荘厳房行勇、源頼朝の命で入宋。
文治　元	一一八五	45	2月誓願寺で『観普賢経』を書写。	正月源義経、屋島で平氏を破る。3月壇ノ浦の合戦で平氏滅亡。8月東大寺大仏開眼供養。
二	一一八六	46	7月『金剛頂宗菩提心論口決』を草す。	6月平頼盛、薨ず。
三	一一八七	47	正月『菩提心論口決』撰述。3月入宋のため故郷を辞し、4月出帆。宋で天竺行きの許可を請うが認められず。5月帰国しようとするが嵐で断念、天台山万年寺に至り虚菴懐敞に参ず。	

四	一一八八	48	天台山に修理の費を寄進。	8月行勇、帰国し鎌倉に入る。
五	一一八九	49	菩提樹を日本に送る。虚菴に随って天童山景徳寺に移る。『出家大綱』を草す。	閏4月源義経、奥州衣川で戦死。6月大日房能忍、弟子練中・勝弁を阿育王山拙庵徳光の下に遣わす。拙庵、練中・勝弁に六祖舎利・普賢光明舎利・大慧袈裟・達磨画像・自賛頂相を付与する。8月練中・勝弁帰国。
建久元	一一九〇	50	天台山より日本に送った菩提樹を香椎宮に植える。9月天台山万年寺で『秘宗隠語集』を再治。虚菴より菩薩戒を受ける。	7月法然、九条兼実に授戒。11月源頼朝、上洛。
二	一一九一	51	虚菴に嗣法し「明庵」の号を授かる。7月揚三綱の船で平戸葦浦に帰着。8月戸部侍郎清貫の小院に請われ禅規を行う。12月『釈迦八相』撰述。	法然、九条兼実・娘任子に授戒。
三	一一九二	52	正月筑前香椎宮の側に報恩寺を建て初めて布薩を行う。12月誓願寺で『法華経』書写。この年、巨材を天童山に送る。	7月源頼朝、征夷大将軍に補任。
四	一一九三	53	筑後国に千光寺を建立。この頃、良弁が栄西の禅行を嫉んで朝廷に訴えるか。	
五	一一九四	54	7月叡山の訴えにより入唐上人栄西・在京上人能忍	

			に達磨宗弘法停止の宣旨が下る（『百練抄』）。	
六	一一九五	55	天台山から将来した菩提樹を東大寺に移植す。博多に聖福寺を建立。入京し九条兼実から喚問される。10月『出家大綱』を再治。	3月源頼朝、上洛し東大寺供養に参列。
七	一一九六	56		11月九条兼実、関白を辞す。
八	一一九七	57	8月博多で張国安と語る。	
九	一一九八	58	正月基好より八字五字真言印信を受く。『興禅護国論』撰述。	2月法然、『選択本願念仏集』撰述。
正治元	一一九九	59	この頃、関東に下向。9月鎌倉幕府不動堂供養の導師を勤める。	正月源頼朝薨ず。北条政子、退耕行勇を戒師として出家。4月行勇、頼朝百か日法要の導師を勤める。栄朝、栄西に入門。
二	一二〇〇	60	正月『出家大綱』を再治。頼朝一周忌の導師を勤める。閏2月北条政子が寿福寺を建立、住持に迎えられる。7月政子の十六羅漢供養の導師を勤める	道元、誕生。
建仁元	一二〇一	61		
二	一二〇二	62	2月幕府が源義朝の旧宅を寿福寺に寄進。3月永福寺多宝塔供養の導師を勤める。二代将軍頼家の外護により京都東山に建仁寺を建立し、開山となる。6月建仁寺に真言院・止観院を建てる	2月九条兼実、法然について出家。7月源頼家、征夷大将軍に補任。10月源通親（道元の父あるいは祖父）薨ず。

三	一二〇三	63	9月北条時政の薬師如来像供養の導師を勤める。	9月源頼家、伊豆修禅寺に幽閉され、実朝が将軍に補任。北条時政、執権となる。
元久 元	一二〇四	64	三代将軍実朝、寿福寺で逆修を行う。4月『日本仏法中興願文』を草す。『斎戒勧進文』を草す。5月北条政子、祖父母のための仏事を寿福寺で修す。12月政子の七観音図供養の導師を勤める。	7月源頼家、伊豆修禅寺で謀殺。
二	一二〇五	65	5月幕府営中の五字文殊供養の導師を勤める。	
建永 元	一二〇六	66	9月重源を継いで東大寺大勧進職に任ぜられる。この頃東大寺の修営進む。	6月俊乗房重源、示寂。11月明恵、高山寺建立。
承元 元	一二〇七	67		2月法然が土佐に親鸞が越後に流される。4月九条兼実、薨ず。
二	一二〇八	68	5月法勝寺九重塔焼失。	
三	一二〇九	69		
四	一二一〇	70	7月法勝寺九重塔、心柱を立つ。9月将軍実朝の本尊五字像供養の導師を勤める。	土御門天皇、順徳天皇に譲位。7月源頼家夫人、行勇を戒師として出家。
建暦 元	一二一一	71	正月『喫茶養生記』撰述。4月俊芿の帰国を長門に迎え建仁寺に入る。7月将軍実朝、寿福寺に詣でる。10月永福寺一切経供養の導師を勤める。12月将軍実	9月源頼家の子、出家して公暁と称す。

			朝のため文殊供養の導師を勤める。将軍の厄の祈禱に加わる。	
二	一二一二	72	正月法印に叙せらる。6月寿福寺に参詣した実朝に仏舎利を授ける。	正月法然房源空、示寂。実朝、行勇を請じて持仏堂で聖徳太子聖霊会を行う。
建保元	一二一三	73	2月・3月将軍実朝、寿福寺に参詣する。4月法勝寺、九重塔供養。5月権僧正に叙せらる。6月鎌倉に下向。	
二	一二一四	74	正月『喫茶養生記』を再治する。2月将軍実朝の宿酔を加持し『喫茶養生記』を献ず。6月将軍実朝に命ぜられて雨を祈る。7月大倉大慈寺供養の導師を勤める。10月大慈寺で舎利会を行ずる。	
三	一二一五	75	7月建仁寺で示寂（一説に6月寿福寺でとも）	

人名索引

や・ら　行

事項索引

あ 行

か 行

さ　行

た 行

な 行

は 行

ま　行

や・ら・わ　行

《著者紹介》

中尾良信（なかお・りょうしん）

1952年　生まれ。

1980年　駒澤大学大学院文学研究科仏教学専攻博士後期課程単位取得満期退学。

1980～1989年　曹洞宗宗学研究所に勤務。

現　在　花園大学文学部仏教学科教授。

主　著　『日本の名僧 9　孤高の禅師・道元』（編著）吉川弘文館，2003年。
『日本禅宗の伝説と歴史』吉川弘文館，2005年。
『図解雑学・禅』ナツメ社，2005年。
『禅語録傍訳全書　禅苑清規』全四冊（共著）四季社，2006～2007年。
『日本人のこころの言葉　栄西』（共著）創元社，2017年。
「道元の戒律観と〈没後作僧〉」『禅学研究』80号，2001年。

ミネルヴァ日本評伝選
栄《よう》　西《さい》
――大いなる哉，心や――

2020年11月10日　初版第１刷発行　〈検印省略〉

定価はカバーに
表示しています

著　者　中　尾　良　信
発行者　杉　田　啓　三
印刷者　江　戸　孝　典

発行所　株式会社　ミネルヴァ書房
607-8494 京都市山科区日ノ岡堤谷町１
電話代表（075）581-5191
振替口座 01020-0-8076

共同印刷工業・新生製本

ISBN978-4-623-09082-2
Printed in Japan

刊行のことば

歴史を動かすものは人間であり、興趣に富んだ人間の動きを通じて、世の移り変わりを考えるのは、歴史に接する醍醐味である。

しかし過去の歴史学を顧みるとき、人間不在という批判さえ見られたように、歴史における人間のすがたが、必ずしも十分に描かれてきたとはいえない。二十一世紀を迎えた今、歴史の中の人物像を蘇生させようとの要請はいよいよ強く、またそのための条件もしだいに熟してきている。

この「ミネルヴァ日本評伝選」は、正確な史実に基づいて書かれるのはいうまでもないが、単に経歴の羅列にとどまらず、歴史を動かしてきたすぐれた個性をいきいきとよみがえらせたいと考える。そのためには、対象とした人物とじっくりと対話し、ときにはきびしく対決していくことも必要になるだろう。

今日の歴史学が直面している困難の一つに、研究の過度の細分化、瑣末化が挙げられる。それは緻密さを求めるが故に陥った弊害といえるが、その結果として、歴史の大きな見通しが失われ、歴史学を通しての社会への働きかけの途が閉ざされ、人々の歴史への関心を弱める危険性がある。今こそ歴史が何のためにあるのかという、基本的な課題に応える必要があろう。評伝という興味ある方法を通じて、解決の手がかりを見出せないだろうかというのも、この企画の一つのねらいである。

狭義の歴史学の研究者だけでなく、多くの分野ですぐれた業績をあげている著者たちを迎えて、従来見られなかった規模の大きな人物史の叢書として、「ミネルヴァ日本評伝選」の刊行を開始したい。

平成十五年（二〇〇三）九月

ミネルヴァ書房

ミネルヴァ日本評伝選

企画推薦
梅原　猛
ドナルド・キーン
佐伯彰一
角田文衞

監修委員
上横手雅敬
芳賀　徹

編集委員
石川九楊
伊藤之雄
猪木武徳
今谷　明
今橋映子
熊倉功夫
佐伯順子
坂本多加雄
武田佐知子
竹西寛子
西口順子
兵藤裕己
御厨　貴

上代

*俾弥呼　古田武彦
日本武尊　西宮秀紀
*仁徳天皇　若井敏明
雄略天皇　吉村武彦
継体天皇　若井敏明
*蘇我氏四代　遠山美都男
推古天皇　義江明子
聖徳太子　仁藤敦史
斉明天皇　武田佐知子
*小野妹子・毛人・毛野　大橋信弥
*額田王　梶川信行
弘文天皇　遠山美都男
天武天皇　新川登亀男
持統天皇　丸山裕美子
阿倍比羅夫　熊田亮介
*藤原四子　木本好信
役小角　脊古真哉
*柿本人麿　古橋信孝
*元明天皇・元正天皇　渡部育子
聖武天皇　本郷真紹
光明皇后　寺崎保広
*孝謙・称徳天皇　勝浦令子
藤原不比等　荒木敏夫
橘諸兄・奈良麻呂　遠山美都男
吉備真備　今津勝紀
*藤原仲麻呂　木本好信
道鏡　吉川真司
*藤原種継　木本好信
*行基　吉田靖雄

平安

*桓武天皇　井上満郎
嵯峨天皇　西別府元日
宇多天皇　古藤真平
醍醐天皇　石上英一
村上天皇　京樂真帆子
花山天皇　上島　享
*三条天皇　倉本一宏
藤原薬子　中野渡俊治
*藤原良房・基経　瀧浪貞子
*紀貫之　神田龍身
源高明　所　功
*安倍晴明　斎藤英喜
*藤原道長　朧谷　寿
*藤原伊周・隆家　倉本一宏
藤原定子　山本淳子
*藤原彰子　朧谷　寿
清少納言　三田村雅子
和泉式部　ツベタナ・クリステワ
大江匡房　小峯和明
*阿弖流為　樋口知志
坂上田村麻呂　熊谷公男
*源満仲・頼光　元木泰雄
平将門　西山良平
藤原純友　寺内　浩
源義家　大津雄一
最澄　吉田一彦
円珍　岡野浩二
*空也　石井義長
奝然　上川通夫
*源信　小原　仁
慶滋保胤　吉原浩人
*後白河天皇　美川　圭
*式子内親王　奥野陽子
建礼門院　生形貴重
藤原頼長・師長　樋口健太郎
*藤原秀衡　入間田宣夫
平時子・時忠　元木泰雄
平維盛　根井　浄
木曾義仲　樋口州男
守覚法親王　阿部泰郎
藤原隆信・信実　山本陽子

鎌倉

源頼朝　川合　康
*源義経　近藤好和
源実朝　神田龍身
*九条兼実　加納重文
九条道家　上横手雅敬
北条時政　野口　実
熊谷直実　佐伯真一
*北条政子　関　幸彦
*北条義時　岡田清一
曾我十郎・五郎　杉橋隆夫
後鳥羽天皇　兵藤裕己
北条時頼　山本隆志
北条時宗　近藤成一
平頼綱　細川重男
竹崎季長　堀本一繁
西行　光田和伸
鴨長明　浅見和彦
藤原定家　赤瀬信吾
*京極為兼　今谷　明
*兼好　島内裕子
重源　横内裕人
*運慶　根立研介
快慶　井上一稔
法然　今堀太逸
*栄西　中尾良信
明恵　西山　厚
*親鸞　末木文美士
恵信尼・覚信尼　西口順子
覚如　今井雅晴
*道元　船岡　誠
叡尊　細川涼一
*忍性　松尾剛次
*日蓮　佐藤弘夫
一遍　蒲池勢至
夢窓疎石　原田正俊
*宗峰妙超　竹貫元勝

南北朝・室町

後醍醐天皇　上横手雅敬
*護良親王　新井孝重
*懐良親王　森　茂暁
*赤松氏五代　渡邊大門
*北畠親房　岡野友彦
楠正成　兵藤裕己
楠木正行・正儀　生駒孝臣
*新田義貞　山本隆志
*光厳天皇　深津睦夫
足利尊氏　市沢　哲
*足利直義　亀田俊和
佐々木道誉　下坂　守
細川頼之　亀田俊和
円観・文観　田中貴子
足利義詮　早島大祐
足利義満　川嶋將生
*足利義持　吉田賢司
足利持氏　植田真平
足利義政　木下昌規
日野富子　田端泰子
*大内義弘　平瀬直樹
伏見宮貞成親王　松薗　斉
*山名宗全　山本隆志
細川勝元・政元　古野　貢
畠山義就　呉座勇一
足利成氏　阿部能久
世阿弥　西野春雄
雪舟等楊　河合正朝
宗祇　鶴崎裕雄
*満済　森　茂暁
一休宗純　原田正俊
蓮如　岡村喜史

戦国・織豊

北条早雲　家永遵嗣
*北条氏綱　黒田基樹
*北条氏政　黒田基樹
*大内義隆　藤井　崇
*斎藤氏四代　木下　聡
*毛利元就　岸田裕之
*毛利輝元　光成準治
*小早川隆景・秀秋　光成準治
*六角定頼　村井祐樹
*今川義元　小和田哲男
*武田信玄　笹本正治
*武田勝頼　笹本正治
*真田氏三代　笹本正治
*三好長慶　天野忠幸
松永久秀　天野忠幸
*宇喜多直家・秀家　渡邊大門
*上杉謙信　矢田俊文
大友義鎮　鹿毛敏夫
島津義久・義弘　福島金治
細川幽斎　鈴木　元
*長宗我部元親・盛親　平井上総
最上氏三代　松尾剛次
浅井長政　長谷川裕子
蠣崎・松前氏五代　新藤　透
吉田兼倶　西山　克
山科言継　松薗　斉
*雪村周継　赤澤英二
正親町天皇・後陽成天皇　神田裕理
*足利義輝・義昭　山田康弘
織田信長　三鬼清一郎
織田長益　八尾嘉男
*明智光秀・秀満　小和田哲男
豊臣秀吉　藤井讓治
豊臣秀次　矢部健太郎
*北政所おね　田端泰子
*淀殿　福田千鶴
蜂須賀正勝・家政　三宅正浩
前田利家　東四柳史明
山内一豊・忠義　長屋隆幸
*黒田如水　小和田哲男
*蒲生氏郷　藤田達生
石田三成　堀越祐一
*細川ガラシャ　田端泰子
*支倉常長　田中英道
千利休　熊倉功夫
*長谷川等伯　宮島新一
*顕如　神田千里
教如　安藤　弥

江戸

*徳川家康　笠谷和比古
板倉勝重　谷　徹也
本多忠勝　柴　裕之
本多正純　小川　雄
柳生宗矩　福田千鶴
*徳川家光　野村　玄
徳川吉宗　横田冬彦
*後水尾天皇　久保貴子
後桜町天皇　所　京子
*光格天皇　藤田　覚
*春日局　福田千鶴
宮本武蔵　渡邊大門
*池田光政　倉地克直
保科正之　八木清治
シャクシャイン　岩崎奈緒子
*田沼意次　藤田　覚
細川重賢　安高啓明
松平治郷　小林准士
*二宮尊徳　小林惟司
末次平蔵　岡　美穂子
*高田屋嘉兵衛　生田美智子
沢庵宗彭　芳澤　元
*林羅山　鈴木健一
吉野太夫　渡辺憲司
熊沢蕃山　川口　浩
*山崎闇斎　澤井啓一
山鹿素行　前田　勉
*北村季吟　島内景二
伊藤仁斎　澤井啓一
貝原益軒　辻本雅史
*ケンペル　B・M・ボダルト＝ベイリー
新井白石　大川　真
荻生徂徠　柴田　純
*雨森芳洲　上田正昭
石田梅岩　高野秀晴
白隠慧鶴　芳澤勝弘
前野良沢　松田　清
平賀源内　石上　敏
本居宣長　田尻祐一郎
杉田玄白　吉田　忠
木村蒹葭堂　有坂道子
*大田南畝　沓掛良彦
菅江真澄　赤坂憲雄
*鶴屋南北　諏訪春雄
良寛　阿部龍一
*山東京伝　佐藤至子
*滝沢馬琴　高田　衛
平田篤胤　山下久夫
国友一貫斎　太田浩司
シーボルト　宮坂正英
本阿弥光悦　岡　佳子
小堀遠州　中村利則
狩野探幽・山雪　山下善也
尾形光琳・乾山　河野元昭
*二代目市川團十郎　田口章子
伊藤若冲　狩野博幸
*浦上玉堂　高橋博巳
*佐竹曙山　成瀬不二雄
葛飾北斎　岸　文和
酒井抱一　玉蟲敏子

孝明天皇　青山忠正
*和宮　辻ミチ子
徳川慶喜　大庭邦彦
島津斉彬　原口泉
横井小楠　沖田行司
*古賀謹一郎　小野寺龍太
*永井尚志　高村直助
*岩瀬忠震　小野寺龍太
*栗本鋤雲　小野寺龍太
大村益次郎　竹本知行
岩倉具視　斎藤紅葉
河井継之助　小川和也
松平春嶽　大石学
*西郷隆盛　家近良樹
*由利公正　角鹿尚計
橋本左内・橋曙覧　角鹿尚計
*塚本明毅　塚本学
松平容保　白石烈
山岡鉄舟・高橋泥舟　岩下哲典
三条実美　奈良勝司
*月性　海原徹
*吉田松陰　海原徹
*高杉晋作　海原徹
*久坂玄瑞　一坂太郎
ペリー　遠藤泰生
ハリス　福岡万里子
オールコック　佐野真由子
アーネスト・サトウ　奈良岡聰智

近代

*明治天皇　伊藤之雄
*大正天皇　F・R・ディキンソン
*昭憲皇太后・貞明皇后　小田部雄次
大久保利通　三谷太一郎
山県有朋　鳥海靖
木戸孝允　落合弘樹
井上馨　伊藤之雄
*松方正義　室山義正
榎本武揚　醍醐龍馬
北垣国道　小林丈広
板垣退助　小川原正道
長与専斎　笠原英彦
大隈重信　五百旗頭薫
伊藤博文　坂本一登
井上毅　大石眞
*井上勝　老川慶喜
*桂太郎　小林道彦
*渡邊洪基　瀧井一博
*乃木希典　佐々木英昭
星亨　小林道彦
林董　奈良岡聰智
*児玉源太郎　小林道彦
*高宗・閔妃　木村幹
山本権兵衛　室山義正
*金子堅太郎　松村正義
高橋是清　鈴木俊夫
小村寿太郎　簑原俊洋
*犬養毅　小林惟司
原敬　季武嘉也

*加藤高明　櫻井良樹
牧野伸顕　小宮一夫
田中義一　黒沢文貴
内田康哉　高橋勝浩
平沼騏一郎　堀田慎一郎
*鈴木貫太郎　小堀桂一郎
宇垣一成　北岡伸一
*宮崎滔天　榎本泰子
*浜口雄幸　川田稔
幣原喜重郎　西田敏宏
関一　玉井金五
水野広徳　片山慶隆
広田弘毅　井上寿一
安重根　上垣外憲一
*グルー　廣部泉
*永田鉄山　森靖夫
東條英機　牛村圭
今村均　前田雅之
蔣介石　劉岸偉
近衛文麿　庄司潤一郎
*岩崎弥太郎　武田晴人
伊藤忠兵衛　末永國紀
*五代友厚　田付茉莉子
大倉喜八郎　村上勝彦
*安田善次郎　由井常彦
渋沢栄一　武田晴人
中野武営　佐賀香織
益田孝　鈴木邦夫
山辺丈夫　宮本又郎
武藤山治　阿部武司・桑原哲也
池田成彬　松浦正孝

西原亀三　森川正則
小林一三　橋爪紳也
大倉恒吉　石川健次郎
大原孫三郎　猪木武徳
*河竹黙阿弥　今尾哲也
イザベラ・バード　加納孝代
小泉八雲　斎藤英喜
*林忠正　木々康子
*森鷗外　小堀桂一郎
*二葉亭四迷　ヨコタ村上孝之
*正岡子規　井上泰至
*夏目漱石　佐々木英昭
徳冨蘆花　半藤英明
巌谷小波　千葉信胤
樋口一葉　佐伯順子
*島崎藤村　十川信介
泉鏡花　東郷克美
上田敏　小林茂
*有島武郎　亀井俊介
志賀直哉　小林幸夫
北原白秋　平石典子
菊池寛　山本芳明
芥川龍之介　高橋龍夫
*宮沢賢治　千葉一幹
高浜虚子　坪内稔典
与謝野晶子　佐伯順子
*種田山頭火　村上護
*斎藤茂吉　品田悦一
*高村光太郎　湯原かの子
石川啄木　先崎彰容

萩原朔太郎　エリス俊子・栗原飛宇馬
*原阿佐緒　秋山佐和子
*狩野芳崖・高橋由一　古田亮
川村清雄　落合則子
*小堀鞆音　小堀桂一郎
竹内栖鳳　北澤憲昭
黒田清輝　高階秀爾
中村不折　石川九楊
横山大観　高階秀爾
*橋本関雪　西原大輔
土田麦僊　天野一夫
岸田劉生　北澤憲昭
濱田庄司　濱田琢司
*山田耕筰　後藤暢子
松旭斎天勝　川添裕
中山みき　鎌田東二
佐田介石　谷川穣
*ニコライ　中村健之介
*出口なお・王仁三郎　川村邦光
*新島襄　太田雄三
新島八重　佐伯順子
木下広次　冨岡勝
山川健次郎　小宮京・中澤俊輔
海老名弾正　西田毅
嘉納治五郎　クリストファー・スピルマン
柏木義円　片野真佐子
津田梅子　田中智子
*澤柳政太郎　新田義之
*河口慧海　高山龍三

*山室軍平　室田保夫
大谷光瑞　白須淨眞
*久米邦武　髙田誠二
フェノロサ　伊藤　豊
井上哲次郎　井ノ口哲也
三宅雪嶺　長妻三佐雄
*岡倉天心　木下長宏
志賀重昂　中野目徹
徳富蘇峰　杉原志啓
*竹越与三郎　西田　毅
内藤湖南・桑原隲蔵　礪波　護
*廣池千九郎　橋本富太郎
岩村　透　今橋映子
*西田幾多郎　大橋良介
*金沢庄三郎　石川遼子
*柳田国男　鶴見太郎
厨川白村　張　競
*村岡典嗣　水野雄司
大川周明　山内昌之
西田直二郎　林　淳
*折口信夫　斎藤英喜
九鬼周造　古川雄嗣
三木　清　杉山直樹
シュタイン　瀧井一博
*西　周　清水多吉
*福澤諭吉　平山　洋
成島柳北　山田俊治
*福地桜痴　山田俊治
*村山龍平　早房長治
島田三郎　武藤秀太郎
田口卯吉　鈴木栄樹

*陸　羯南　松田宏一郎
有賀長雄　森田吉彦
*黒岩涙香　奥　武則
幸徳秋水　馬渕浩二
長谷川如是閑　織田健志
上杉慎吉　今野　元
*吉野作造　田澤晴子
*山川　均　米原　謙
*岩波茂雄　十重田裕一
*北　一輝　岡本幸治
*穂積重遠　大村敦志
中野正剛　吉田則昭
荒畑寒村　川村邦光
*満川亀太郎　福家崇洋
*エドモンド・モレル　林田治男
*北里柴三郎　福田眞人
高峰譲吉　木村昌人
田辺朔郎　秋元せき
*南方熊楠　飯倉照平
石原　純　金子　務
*辰野金吾　河上眞理・清水重敦
*七代目小川治兵衛　尼崎博正
本多静六　岡本貴久子
ブルーノ・タウト　北村昌史
ヴォーリズ　山形政昭・吉田与志也

現代

昭和天皇　御厨　貴
高松宮宣仁親王　後藤致人
*李　方子　小田部雄次
吉田　茂　中西　寛
マッカーサー　柴山　太
鳩山一郎　楠　綾子
*石橋湛山　増田　弘
重光　葵　武田知己
市川房枝　村井良太
*池田勇人　藤井信幸
高野　実　篠田　徹
和田博雄　庄司俊作
ライシャワー　廣部　泉
朴正熙　木村　幹
*田中角栄　新川敏光
宮沢喜一　村上友章
竹下　登　真渕　勝
*松永安左エ門　橘川武郎
鮎川義介　井口治夫
*出光佐三　橘川武郎
*松下幸之助　米倉誠一郎
渋沢敬三　井上　潤
*本田宗一郎　伊丹敬之
*井深　大　武田　徹
*佐治敬三　小玉　武
幸田家の人々　金井景子
*正宗白鳥　大嶋　仁
*大佛次郎　福島行一
井伏鱒二　滝口明祥

*川端康成　大久保喬樹
*薩摩治郎八　小林　茂
坂口安吾　千葉一幹
太宰　治　安藤　宏
松本清張　杉原志啓
安部公房　鳥羽耕史
*三島由紀夫　島内景二
井上ひさし　成田龍一
R・H・ブライス　菅原克也
柳　宗悦　熊倉功夫
バーナード・リーチ　鈴木禎宏
*熊谷守一　古川秀昭
川端龍子　岡部昌幸
藤田嗣治　林　洋子
*井上有一　海上雅臣
*手塚治虫　竹内オサム
古賀政男　藍川由美
*吉田　正　金子　勇
武満　徹　船山　隆
*八代目坂東三津五郎　田口章子
*力道山　岡村正史
*西田天香　宮田昌明
安倍能成　中根隆行
サンソム夫妻　平川祐弘・牧野陽子
*天野貞祐　貝塚茂樹
和辻哲郎　小坂国継
矢代幸雄　稲賀繁美
石田幹之助　岡本さえ
*平泉　澄　若井敏明
*早川孝太郎　須藤　功

安岡正篤　片山杜秀
*青山二郎　田野　勲
島田謹二　小林信行
田中美知太郎　川久保剛
前嶋信次　杉田英明
*唐木順三　澤村修治
亀井勝一郎　山本直人
宮本常一　須藤　功
知里真志保　モコットゥナシ
竹内　好　田澤晴子
*保田與重郎　谷崎昭男
石母田正　磯前順一
*福田恆存　川久保剛
井筒俊彦　安藤礼二
吉田　満　貝塚茂樹
佐々木惣一　伊藤孝夫
高田保馬　金子　勇
小泉信三　都倉武之
*瀧川幸辰　伊藤孝夫
式場隆三郎　服部　正
大宅壮一　有馬　学
*清水幾太郎　庄司　武史
*フランク・ロイド・ライト　大久保美春
*中谷宇吉郎　杉山滋郎
今西錦司　山極寿一

*は既刊
二〇二〇年十一月現在